Wannack, Herger
CLASSROOM MANAGEMENT

D1731775

Beiträge für die Praxis – Band 1
Eine Reihe der PHBern

Hrsg.
Heinz Rhyn
Evelyne Wannack

Evelyne Wannack, Kirsten Herger

CLASSROOM MANAGEMENT
Unterrichtsgestaltung
in der Schuleingangsstufe

der bildungsverlag

der bildungsverlag
www.hep-verlag.com

FAIR KOPIEREN!
URHEBERRECHT
ACHTEN.
© www.fair-kopieren.ch

Evelyne Wannack, Kirsten Herger
CLASSROOM MANAGEMENT
Unterrichtsgestaltung in der Schuleingangsstufe
ISBN 978-3-0355-0106-3

Bibliografische Information der Deutschen Nationalbibliothek:
Die Deutsche Nationalbibliothek verzeichnet diese Publikation
in der Deutschen Nationalbibliografie; detaillierte bibliografische
Angaben sind im Internet über http://dnb.dnb.de abrufbar.

1. Auflage 2014
Alle Rechte vorbehalten
© 2014 hep verlag ag, Bern

www.hep-verlag.com

Inhaltsverzeichnis

1	Einleitung	Seite 7
1.1	Fragestellungen und Untersuchungs-anlage des Forschungsprojekts	Seite 8
1.2	Aufbau der Publikation	Seite 11
2	Pädagogisch-didaktisches Konzept für die Schuleingangsstufe	Seite 13
2.1	Gesetzliche Rahmenbedingungen	Seite 15
2.2	Unterrichtsgestaltung	Seite 16
2.2.1	Unterrichtssequenzen	Seite 17
2.2.2	Spiel- und Lernbegleitung	Seite 20
2.2.3	Classroom Management	Seite 22
3	Classroom Management in der Schuleingangsstufe	Seite 24
3.1	Theoretische und empirische Grundlagen zum Classroom Management	Seite 24
3.2	Elemente und Funktionen des Classroom Management	Seite 29
3.3	Elemente des Classroom Management	Seite 30
3.3.1	Regeln	Seite 30
3.3.2	Prozeduren	Seite 36
3.3.3	Rituale	Seite 42
3.3.4	Raumgestaltung	Seite 44
3.4	Funktionen des Classroom Management	Seite 49
4	Fazit	Seite 53
5	Literatur	Seite 55
6	Tabellen- und Abbildungsverzeichnis	Seite 59

1 Einleitung

Kindergarten und Primarstufe haben sich bis in die 1960er-Jahre institutionell je eigenständig entwickelt. Zwar wurde das Verhältnis der Institutionen seit Gründung der Kindergärten in der deutschen Schweiz im 19. Jahrhundert immer wieder thematisiert und diskutiert, doch konkrete Reformprojekte zur Annäherung blieben aus. Erst ab den 1970er-Jahren sind diesbezüglich verschiedene Initiativen beobachtbar (Wannack 2010). Einen Meilenstein dieser Annäherung bildeten die Empfehlungen des Projekts «Situation Primarschule Schweiz (SIPRI)» in den 1980er-Jahren zur Gestaltung des Übergangs zwischen Kindergarten und Primarunterstufe (Heller, Ambühl, Huldi et al. 1986). Es fand in der Nachfolge von SIPRI zwar eine Annäherung zwischen den beiden Stufen statt, doch der – als eigentliches Problem diskutierte – diskontinuierliche Übergang zwischen Kindergarten und Primarstufe blieb bestehen. Die Diskussion um eine Neugestaltung wurde in den 1990er-Jahren wieder aufgenommen. Dabei rückte die Idee ins Zentrum, den Kindergarten und die ersten zwei Schuljahre in Form der Basisstufe zusammenzuführen (Schweizerische Konferenz der kantonalen Erziehungsdirektoren 1997). Ihre Umsetzung fand die Idee im Schulentwicklungsprojekt edk-ost-4bis8, indem – und das stellte ein doppeltes Novum dar – kantonsübergreifend in Modellversuchen die Basis- und Grundstufe von 2002 bis 2010 erprobt und wissenschaftlich evaluiert wurde (Moser, Bayer 2010; Vogt, Zumwald, Urech, Abt 2010). Parallel zu diesen Bemühungen trieben viele Deutschschweizer Kantone die Reform der Lehrerinnen- und Lehrerbildung voran. Obwohl nicht abzusehen war, welche Modelle der sogenannten (Schul-)Eingangsstufe – Basis- oder Grundstufe respektive herkömmlicher Kindergarten, gefolgt vom 1. und 2. Schuljahr – sich durchsetzen würden, lag es nahe, künftig die Ausbildung von Kindergärtnerinnen und Primarlehrpersonen zusammenzulegen (Sörensen Criblez, Wannack 2006). Die Gründung der pädagogischen Hochschulen bildete eine ideale Ausgangslage, die Zusammenführung der Ausbildungen zu erreichen. Mit wenigen Ausnahmen werden nun gemeinsame Studiengänge für Lehrpersonen für den Kindergarten und die Primarstufe angeboten. Die vormals getrennte Entwicklung der beiden Institutionen führte zu zwei eigenständigen pädagogisch-didaktischen Konzepten. Beim Bemühen, die beiden Konzepte zusammenzuführen, zeigte sich, dass für den Kindergarten Deutschschweizer Prägung theoretische wie empirische Grundlagen weitgehend fehlten. Die Primarstufe verfügt zwar mit der Grundschulpädagogik über eine gewisse Grundlage. Doch auch in diesem Bereich fehlte es an Forschungsergebnissen, die sich spezifisch auf die ersten beiden Schuljahre der Primarstufe beziehen. So wurde deutlich, dass einerseits Bedarf bestand, die Unterrichtspraxis in Kindergarten und Unterstufe empirisch zu untersuchen und andererseits ein pädagogisch-didaktisches Konzept zu erarbeiten, das die Spezifitäten der beiden Stufen integriert. Aus diesem Grund verwenden wir im weiteren Verlauf den Begriff «Schuleingangsstufe», um unserem Anliegen, ein stufenspezifisches Konzept zu erarbeiten, Nachdruck zu verleihen. Diese und weitere Überlegungen bildeten die Grundlage für die Erarbeitung eines Forschungsprojekts, das im nächsten Kapitel detaillierter vorgestellt wird.

1.1 Fragestellungen und Untersuchungsanlage des Forschungsprojekts

Aufgrund einer Analyse der Unterrichtsgestaltung in Kindergarten und Primarunterstufe (Wannack 2001; 2004), zeigte sich, dass zwei Grundformen – geführte und offene Sequenzen – für beide konstitutiv sind. Sie werden sowohl für die Binnendifferenzierung und Individualisierung als auch für das eigenständige Lernen sowie das Lernen in der Gemeinschaft eingesetzt (Wannack, Arnaldi, Schütz 2011). In hohem Maß sind solche Spiel- und Lernumgebungen auf verlässliche Strukturen angewiesen. Ein

Modell, das diesen Ansprüchen gerecht wird, ist das Classroom Management. Seine Bedeutung für den Unterricht wird durch Umschreibungen wie «grundlegende Basisfunktion» (Ophardt, Thiel 2008) oder auch «Stützfunktion» (Klieme, Rakoczy 2008) deutlich gemacht. Obwohl die Wichtigkeit des Classroom Management durch Studien auf der Primar- und Sekundarstufe I zur Unterrichtsqualität (Helmke 2009; Wang, Haertel, Walberg 1993; Weinert, Helmke 1997) belegt ist, gibt es wenig empirische Studien im Bereich Kindergarten und Primarunterstufe dazu (Carter, Doyle 2006). An diesem Punkt setzt das Forschungsprojekt an, indem die Unterrichtsgestaltung in der Schuleingangsstufe mit besonderem Fokus auf das Classroom Management ins Zentrum unserer Fragestellungen gerückt wird:

— Welche Elemente des Classroom Management finden sich in der Schuleingangsstufe?

— Wie werden Elemente des Classroom Management eingesetzt, um im Sinne der Proaktivität und Lernzentrierung den Kindern viele Lernmöglichkeiten zu eröffnen?

Für die Studie haben wir ein Mixed-Methodology-Design (Flick 2004) gewählt. Es beinhaltete einen quantitativen und einen qualitativen Teil (vgl. Abbildung 1).

Untersuchungsverlauf				
2008		2009		
Mai	September, Oktober	Januar	März	Oktober – Dezember
Fragebogenstudie				
Pretest	Befragung 400 Lehrpersonen			
		Videobasierte Unterrichtsbeobachtung mit anschließendem fokussiertem Interview		
		Pretest	Welle 1 4 Lehrpersonen	Welle 2 8 Lehrpersonen
Quantitativer Teil		Qualitativer Teil		

Abbildung 1: Untersuchungsanlage

Für den quantitativen Teil der Untersuchung haben wir einen Fragebogen an 309 Kindergarten- und 310 Primarunterstufenlehrpersonen versandt. Der Rücklauf betrug 63 Prozent, das heißt, wir konnten die Fragebogen von 209 Kindergarten- und 183 Primarunterstufenlehrpersonen (180 Frauen, 3 Männer) einbeziehen. Es handelt sich um eine geschichtete Stichprobe, die repräsentativ für den Kanton Bern ist. Die Fragebogenstudie haben wir ausführlich dokumentiert (Wannack, Herger, Gruber, Barblan 2009).

Die Fragebogendaten dienten anschließend dazu, die Stichprobe, bestehend aus sechs Kindergarten- und sechs Primarunterstufenlehrerinnen, für den qualitativen Teil der Studie zu bestimmen. Sie wurden gemäß den folgenden Kriterien ausgewählt und angefragt:
— Berufserfahrung,
— Klassenlehrerinnen-Funktion,
— ein Pensum von mindestens 50 Prozent,
— Einschätzungen zum Classroom Management im Fragebogen,
— Einverständnis zur videobasierten Unterrichtsbeobachtung.

Nachdem die Einwilligung der Schulleitungen und die Einverständniserklärungen der Eltern eingeholt worden waren, wurden die Datenerhebungen in zwei Wellen (vgl. Abbildung 1) durchgeführt.

Für die videobasierte Unterrichtsbeobachtung an einem Vormittag wurden die Lehrpersonen gebeten, mindestens eine geführte und eine offene Sequenz durchzuführen. Vor dem Aufnahmetermin besprachen wir mit der Lehrperson vor Ort den Unterrichtsmorgen und bestimmten den optimalen Standort für die Videokameras. Eine Videokamera wurde ausschließlich auf die Lehrperson gerichtet, während wir mit der zweiten Videokamera das Klassengeschehen filmten. Für die Videoaufnahmen wurde ein detailliertes Videoskript erarbeitet, um die Aufnahmesituation so weit als möglich zu standardisieren (Wannack, Herger, Barblan 2011). Innerhalb von zwei Wochen führten wir mit der jeweiligen Lehrperson ein fokussiertes Interview (vgl. Lamnek 2005) in ihrem Kindergarten oder

Schulzimmer durch. Im Sinne der *video elicitation* (Stockall 2001) sahen sich die Lehrpersonen kurze Videoausschnitte zu bestimmten Elementen des Classroom Management an und kommentierten diese. Weitere leitfadengestützte Fragen ergänzten die Kommentare. Anschließend wurden sowohl die Videoaufnahmen als auch die Interviews transkribiert. Die Videoaufnahmen unterzogen wir zunächst einer Segmentierungsanalyse (Dinkelaker, Herrle 2009), bei der es sich um ein sogenanntes niedrig inferentes Auswertungsverfahren handelt (Hugener, Pauli, Reusser 2006). Unterschieden wurden die Segmente «geführte Sequenzen», «offene Sequenzen» und «Übergänge in und zwischen Sequenzen». Für die qualitative Inhaltsanalyse der fokussierten Interviews erarbeiteten wir ein Kategoriensystem (Mayring 2008). Dieses war dann auch wegleitend für die Detailanalysen der offenen und geführten Sequenzen sowie der Übergänge (Dinkelaker, Herrle 2009). Die qualitativen Inhaltsanalysen der Videoaufnahmen und der fokussierten Interviews bilden die Grundlage für die Erarbeitung eines vorläufigen Modells des Classroom Management auf der Schuleingangsstufe.

1.2   Aufbau der Publikation

Die vorliegende Publikation fasst die Forschungsergebnisse zusammen und präsentiert im ersten Teil ein pädagogisch-didaktisches Konzept für die Schuleingangsstufe. Ausführlich wird anschließend im zweiten Teil das Classroom-Management-Modell erläutert und mit Beispielen aus der Praxis illustriert. Im abschließenden Teil reflektieren wir die empirischen Ergebnisse und versuchen, diese in ihrer Bedeutung für die Ausbildung von Lehrpersonen einzuschätzen. Insgesamt zielt die Publikation darauf ab, eine Brücke zwischen Forschung und Praxis zu schlagen und damit dem erwähnten Mangel an empirischen und theoretischen Grundlagen zur Unterrichtspraxis in der Schuleingangsstufe entgegenzutreten.

Die Durchführung eines Forschungsprojekts bedarf der Unterstützung und Beteiligung verschiedener Personen und Institutionen. Die Pädagogische Hochschule Bern (PHBern) finanzierte im Rahmen ihrer antragsbasierten Forschungsförderung das Projekt «Classroom Management in der Schuleingangsstufe» (Projekt-Nummer 07 s 00 03). Die PHBern machte auch die Herausgabe dieser Publikation in der Reihe «Beiträge für die Praxis» möglich. Für die ideelle und finanzielle Unterstützung der PHBern sind wir sehr dankbar. Zwölf Kindergarten- und Primarstufenlehrerinnen erklärten sich bereit, am Forschungsprojekt teilzunehmen. Sie ließen uns Einblick in ihr berufliches Wissen und in ihren Unterrichtsalltag nehmen. Dafür sind wir ihnen zu großem Dank verpflichtet. Die Schulleitungen und die Eltern sprachen uns mit ihrem Einverständnis zur Durchführung des Forschungsprojekts ihr Vertrauen aus. Auch ihnen danken wir recht herzlich.

Evelyne Wannack, Kirsten Herger
Bern, im Januar 2014

2 Pädagogisch-didaktisches Konzept für die Schuleingangsstufe

Die Sichtung einschlägiger Literatur zur Didaktik des Kindergartens und der Primarstufe sowie Ergebnisse eigener empirischer Untersuchungen zeigten auf, dass sich bezüglich Unterrichtsgestaltung viele pädagogisch-didaktische Gemeinsamkeiten im Kindergarten und der Primarunterstufe ergeben, diese jedoch weitgehend unverbunden nebeneinanderstehen (Wannack 2001; 2004) und sich unterschiedlicher Begrifflichkeiten bedienen (Andrist, Chanson 2003; Wannack 1997; Wannack, Arnaldi, Schütz 2009).

Gesetzliche Rahmenbedingungen		
Unterrichtsgestaltung		
	Classroom Management	
Regeln		Prozeduren
	Spiel- und Lernbegleitung	
Beobachten		Analysieren
	Unterrichtssequenzen	
	Geführte Sequenzen	Offene Sequenzen
Spiel-, Lerninhalte	— themengebunden	— themengebunden
		— themenungebunden
Unterrichtsformen	— darbietende Formen	— freies Spiel
	— erarbeitende Formen	— Werkstattarbeit
	— entwickelnde Formen	— Tages-, Wochenplan
Sozialformen	— Klasse	— einzeln
	— Gruppen	— Gruppen
	Unterstützen	
Rituale		Raumgestaltung
	Lehrplan	

Abbildung 2: Überblick zum pädagogisch-didaktischen Konzept (Wannack, Arnaldi, Schütz 2009)

So galt es, ein pädagogisch-didaktisches Konzept zu entwerfen, das den Besonderheiten der beiden Stufen gerecht wird und gleichzeitig eine gemeinsame Grundlage zur Analyse der Rahmenbedingungen sowie der Unterrichtsgestaltung zur Verfügung stellt. Die Erarbeitung des Konzepts vollzog sich in Zusammenarbeit zwischen Dozentinnen der Allgemeinen Didaktik und der Didaktik des Kindergartens. Abbildung 2 stellt das pädagogisch-didaktische Konzept im Überblick dar.

Im nächsten Kapitel wird zunächst auf die gesetzlichen Rahmenbedingungen und speziell auf die Ausgangslage bezüglich der noch geltenden Lehrpläne für Kindergarten und Volksschule eingegangen. Danach stehen die Ebenen der Unterrichtsgestaltung im Zentrum der Ausführungen.

2.1 Gesetzliche Rahmenbedingungen

Mit der Verabschiedung des Volksschulgesetzes vom 21. März 2012 im Kanton Bern wird der Kindergarten Teil der Volksschule und somit das eigenständige Kindergartengesetz aufgehoben. In Abschnitt II des Volksschulgesetzes finden sich die folgenden Aufgaben (Kanton Bern 1992): Dem Kindergarten obliegt es, «das Kind in seiner Entwicklung zu fördern, es in eine erweiterte Gemeinschaft einzuführen und ihm damit auch den Eintritt in die Primarstufe zu erleichtern» (ebd.). Die Primarstufe als Teil der Volksschule «vermittelt jene Kenntnisse und Fertigkeiten, welche die Grundlage für die berufliche Ausbildung, für den Besuch weiterführender Schulen und für das lebenslange Lernen darstellen» (ebd.). Für beide Institutionen ist formuliert, dass sie die Entwicklung junger Menschen auf der Grundlage christlich-abendländischer und demokratischer Werte fördern und die Eltern in der Erziehung der Kinder unterstützen sollen. Nebst konkreteren Regelungen, die in der Volksschulverordnung ausgeführt werden (Kanton Bern 2013), erlässt der Kanton die Lehrpläne. Bei der Erarbeitung des Lehrplans Kindergarten für den deutschsprachigen Teil des Kantons Bern wurde großer Wert darauf gelegt, dass dieser von denselben Leitideen wie der Lehrplan für die Volksschule ausgeht und zur Formulierung dieselben Zielebenen – also Richt- und Grobziele – verwendet. Unterschiedlich werden jedoch die Lerninhalte definiert (Erziehungsdirektion des Kantons Bern 1995; 1999). Während im Lehrplan Kindergarten Richt- und Grobziele für die Sozial-, Selbst- und Sachkompetenz – begleitet von möglichen Lerninhalten zu deren Förderung – formuliert werden, sind im Lehrplan Volksschule die Fächer leitende Struktur zur Festlegung der Lerninhalte (vgl. Wannack 2003). Konkret bedeutet dies, dass bis zur Einführung des Lehrplans 21 (vgl. dazu Deutschschweizer Erziehungsdirektoren-Konferenz [D-EDK] 2013), der eine einheitliche Struktur für die ganze Volksschule aufweist, für die Planung des Unterrichts sowohl der Lehrplan Kindergarten als auch der Lehrplan Volksschule verpflichtend sind.

2.2 Unterrichtsgestaltung

Für die mittel- und langfristige Unterrichtsplanung stellen die Lehrpläne den verbindlichen Rahmen dar. Diese Vorgaben müssen nun von ihrer zunächst noch allgemeinen Ebene «heruntergebrochen» werden. Dafür stehen eine Reihe didaktischer Modelle zur Verfügung (für eine Übersicht Gudjons, Teske, Winkel 1993; Jank, Meyer 1991). Ihnen gemeinsam ist, dass sie mit einer Analyse der kontextuellen Bedingungen einer Lerngruppe beginnen, gefolgt von den inhaltlichen Bestimmungen und der thematischen Strukturierung, den Zielformulierungen, den Überlegungen zur methodischen Umsetzung sowie der Überprüfung der gesetzten Ziele (vgl. Berner, Fraefel, Zumsteg 2011; Berner, Zumsteg 2011).
Wegleitend sind diese Überlegungen dann für die Unterrichtsgestaltung, indem die Lehrperson eine Verlaufsplanung erstellt. Im Zentrum stehen zunächst Entscheidungen, welche Unterrichtssequenzen – in Abstimmung mit den jeweiligen Lernzielen – für die Spiel- und Lernaktivitäten der Kinder angeboten werden sollen. Die Aktivitäten der Lehrpersonen konzentrieren sich einerseits auf die inhaltliche Vermittlung und andererseits auf die Begleitung der Spiel- und Lernprozesse der Kinder. Angewiesen sind die Unterrichtssequenzen sowie die Spiel- und Lernbegleitung auf einen strukturgebenden Rahmen in Form des Classroom Management. Unterrichtssequenzen, Spiel- und Lernbegleitung und Classroom Management stellen im vorliegenden Konzept die drei Ebenen der Unterrichtsgestaltung dar (vgl. Abbildung 2) und werden nachfolgend eingehender erläutert.

2.2.1 Unterrichtssequenzen

Die Bezeichnung «Unterrichtssequenz» wird als Oberbegriff für die beiden Grundformen – geführte und offene Sequenzen –, die für die Schuleingangsstufe konstitutiv sind, verwendet. Geführte und offene Sequenzen lassen sich nicht trennscharf unterscheiden. Denn theoretische Überlegungen zur Definition offener Sequenzen – oder anders offenen Unterrichts – sind vielfältig, wobei dasselbe auch auf geführte Sequenzen zutrifft (Heid 1996; Lipowsky 2002). Deshalb gehen wir unter Einbezug verschiedener Merkmale von der Perspektive der Lehrperson und der Perspektive der Kinder aus, um das Verhältnis der beiden Grundformen näher zu beschreiben (vgl. Abbildung 3).

Führung Lehrperson		
Spiel- und Lerninhalte	Unterrichtsformen	Sozialformen
geführte		**offene**
	Sequenzen	
Spiel- und Lernmaterialien	Raum	Zeit
		Wahlmöglichkeit Kinder

Abbildung 3: Merkmale und Perspektiven geführter und offener Sequenzen (Wannack, Schütz, Arnaldi 2010)

Geführte Sequenzen sind dadurch gekennzeichnet, dass die Lehrperson Spiel- und Lerninhalte bestimmt, Lerninhalte in Lernschritte gliedert, die Unterrichts-, die Sozialform und die Spiel- und Lernmaterialien vorgibt sowie die räumlichen und zeitlichen Gegebenheiten festlegt.

Die Wahlmöglichkeiten der Kinder sind in geführten Sequenzen tendenziell eher gering, wenn wir zum Beispiel an ein Unterrichtsgespräch denken. Wenden wir uns den offenen Sequenzen zu, dann bedeutet dies nicht, dass die Lehrperson die Gestaltung dieser gänzlich frei lässt. Es findet sozusagen ein Wechsel statt, indem die Lehrperson die «Führung» in die Spiel- und Lernangebote hineinverlegt. Beispiele dafür sind der Werkstattunterricht oder das freie Spiel. In der Tendenz nehmen die Wahlmöglichkeiten der Kinder zu.

Die Art der Unterrichtssequenz lässt sich also nach den Kriterien der Führung durch die Lehrperson und der Wahlfreiheiten der Kinder bestimmen. Zusätzlich sind die Unterrichtssequenzen über die Dimensionen Spiel-, Lerninhalte, Unterrichts- und Sozialformen charakterisierbar. Wird die Dimension *Spiel- und Lerninhalte* näher betrachtet, so zeigt sich, dass in geführten Sequenzen vor allem themengebundene Spiel- und Lerninhalte bearbeitet werden – denken wir etwa an die Verwendung von Bilderbüchern, Lehrmitteln oder einem Thema aus dem Bereich «Natur Mensch Mitwelt» (NMM). In offenen Sequenzen werden häufig Angebote gemacht, die der vertiefenden Bearbeitung, dem Üben oder der Erweiterung eines Themas dienen. Daneben ist jedoch auch zu beobachten, dass in offenen Sequenzen wie zum Beispiel im freien Spiel oder auch im Wochenplan Spiel- und Lernaufgaben vorkommen, die nicht unmittelbar an ein Thema – sei es in Deutsch, Mathematik oder NMM – gebunden sind. Den Kindern wird damit die Möglichkeit gegeben, sich gemäß ihren Interessen in eine selbst gewählte Thematik zu vertiefen. Offene Sequenzen können also themengebunden wie auch themenungebunden sein.

Eine weitere Dimension zur Charakterisierung der beiden Grundformen sind die *Unterrichtsformen*. Charakteristisch für geführte Sequenzen sind Unterrichtsformen, in denen die Impulse direkt von der Lehrperson ausgehen. In darbietenden Formen erzählt, berichtet, erklärt die Lehrperson, oder sie macht etwas vor. Im Unterrichtsgespräch als erarbeitender Form sind es vor allem die Fragen der Lehrperson, die zur Auseinandersetzung mit einem Inhalt führen. Entwickelnde Formen zielen darauf ab, zum Beispiel über ein Phänomen die Kinder zum Vermuten, zum Überprüfen von Annahmen, zum Finden neuer Lösungen anzuregen. An dieser Stelle wird deutlich, dass bereits in den geführten Formen die direkte Führung der Lehrperson enger und weiter gefasst werden kann.

Werden Unterrichtsformen betrachtet, die charakteristisch für offene Sequenzen sind, dann zeichnen sich diese dadurch aus, dass die Impulse indirekt über Aufgaben oder Spiel- und Lernangebote erfolgen. Prototypische Unterrichtsformen sind das freie Spiel, die Werkstattarbeit sowie Tages- oder Wochenplan – prototypisch deshalb, weil

— im freien Spiel Angebote in Form von räumlich arrangierten Funktionsbereichen wie zum Beispiel die Konstruktionsecke, die Familienecke oder Malecke gemacht werden;

— in der Werkstattarbeit verschiedenste Aufgabenstellungen in schriftlicher Form mit Anleitungen zur Durchführung vorliegen;

— in Tages- oder Wochenplan individuell zu bearbeitende Aufgaben in einem bestimmten zeitlichen Rahmen vorgegeben sind.

Die *Sozialformen* als dritte Dimension zur Charakterisierung der Unterrichtssequenzen verweisen darauf, dass in geführten Sequenzen häufig Spiel- und Lernaktivitäten mit der ganzen Klasse im Zentrum stehen oder die Klasse für einzelne Aufgaben, wie zum Beispiel ein Experiment durchführen, in Gruppen aufgelöst wird. In offenen Sequenzen hingegen können die Kinder Spiel- und Lernangebote häufig individuell oder in kleineren Gruppen nutzen.

Angesichts der zunehmenden Entwicklungs- und Leistungsheterogenität beim Eintritt in die Schuleingangsstufe wachsen die Anforderungen, Formen der inneren Differenzierung und Individualisierung zu finden. Damit erhält die Spiel- und Lernbegleitung als zweite Ebene der Unterrichtsgestaltung eine wichtige Bedeutung. Sowohl geführte als auch offene Sequenzen eröffnen der Lehrperson Möglichkeiten, die Kinder während ihrer Spiel- und Lernprozesse zu begleiten.

2.2.2 Spiel- und Lernbegleitung

Im Fokus der Spiel- und Lernbegleitung steht «die fördernde Begleitung alltäglicher Lernwege von Kindern» (Prengel, Riegler, Wannack 2009, S. 253), die zugleich längerfristige und kontinuierliche Spiel- und Lernprozesse im Blick hat. Grob können wir die Tätigkeiten der Lehrperson in diesem Bereich in Beobachten, Analysieren und Unterstützen einteilen. Die Lehrperson beobachtet die Spiel- und Lernprozesse, analysiert diese sowie die Ergebnisse der Kinder, gibt Hilfestellungen in der Unterrichtssituation und leitet daraus Unterstützungs- und Fördermaßnahmen für weitere Aufgaben und Unterrichtsarrangements ab. Ziel der Spiel- und Lernbegleitung ist die Anregung und Begleitung der Spiel- und Lernprozesse der Kinder in kognitiver, emotionaler und sozialer Hinsicht.

Das Modell *cognitive apprenticeship* – zu Deutsch kognitive Berufslehre – von Collins, Brown und Newman (1989) geht in Analogie zum Erlernen eines Handwerks davon aus, dass die Lehrperson als Expertin des Lernens die Kinder im Sinne von Auszubildenden anleiten und unterstützen sollte, damit diese ebenfalls überfachliche Fertigkeiten aufbauen können, die sie nach und nach zu Expertinnen und Experten ihres Lernens machen. Dazu definieren Collins et al. sechs methodische Formen, die den Begriffs- und Wissensaufbau der Kinder hinsichtlich Sachwissen, Problemlöse-, Kontroll- und Lernstrategien anregen und begleiten sollen. Sie teilen die sechs Formen in drei Gruppen auf. (1) Vormachen *(modeling)*, Anleiten *(coaching)* und Unterstützen *(scaffolding)* werden als Kerntätigkeiten der *cognitive apprenticeship* gesehen. (2) Aussprechen *(articulation)* und Reflektieren *(reflection)* dienen dazu, die Aufmerksamkeit auf die eigenen Problemlösestrategien und die von anderen zu lenken, sich dieser bewusst zu werden und verschiedene Möglichkeiten zu erkennen. (3) Erkunden *(exploration)* als abschließende Form zielt darauf ab, sich neuen Aufgaben zu stellen und diese zunehmend selbstständig zu lösen. Im Zentrum unseres Interesses stehen die Kerntätigkeiten, die hier detaillierter beschrieben werden:

- Vormachen: Die Lehrperson zeigt eine Tätigkeit vor, löst eine Aufgabe und kommentiert dies laufend. Durch die Beobachtung und die sprachlichen Ausführungen können sich die Kinder eine Vorstellung bilden, wie vorgegangen werden kann, um eine Aufgabe anzugehen. Die konkrete Umsetzung des modellhaften Vorgehens geschieht dann, wenn das Kind das Vorgezeigte nachmacht.
- Anleiten: Die Lehrperson beobachtet die Kinder während der Bearbeitung einer Aufgabe. Je nach Verlauf entscheidet sie, ob ein Hinweis, eine Rückmeldung, eine Ermunterung, eine Erklärung oder eine neue Aufgabe notwendig ist, um eine vertiefte Auseinandersetzung zu fördern. Dabei handelt es sich um eine situative Begleitung.
- Unterstützen: Der Begriff «scaffold» bedeutet im Englischen Gerüst. Die Lehrperson bietet dem Kind sozusagen ein Halt gebendes Gerüst, indem sie ihm Vorschläge macht oder entsprechende Hilfsmaterialien zur Verfügung stellt. Die Unterstützung zielt darauf ab, dass das Kind mit der Hilfe der Lehrperson die Aufgabe bewältigen kann.
- Hilfestellung abbauen: Gleichzeitig gehört zum Unterstützen, dass die Lehrperson zu gegebener Zeit – wenn das Kind selber oder in Zusammenarbeit mit andern fähig ist, eine gestellte Aufgabe zu lösen – das Gerüst graduell abbaut respektive die Unterstützung reduziert.

Für das Vormachen wie auch für die sprachliche Beschreibung und Reflexion des Lösens einer Aufgabe eignen sich darbietende und erarbeitende Unterrichtsformen. Verschiedene Vorgehensweisen lassen sich nachstellen und miteinander vergleichen. Nebst der möglichen Vielfalt von Lösungsansätzen können im Sinne des Erkundens neue Ideen und Fragen entstehen, die dann zu einer Vertiefung oder neuen Interessen führen.

Das Konzept *cognitive apprenticeship* fokussiert – wie Collins, Brown und Newman (1989) ausführen – primär auf kognitive und metakognitive Handlungen im Zusammenhang mit Lesen, Schreiben und Rechnen. In Bezug zur Schuleingangsstufe stellt es ein praktikables Modell dar, das jedoch in zweierlei Hinsicht erweitert werden muss, soll es der Stufe gerecht werden. Dies umfasst zum einen, dass das Vormachen auch für das Lernen manueller und motorischer Handlungen genutzt wird, denn das Vormachen ist ein zentrales Medium des Spielens und Lernens dieser Stufe. Es läuft nicht nur zwischen Lehrperson und Kindern, sondern auch zwischen den Kindern selbst ab, die nebeneinander und miteinander spielen und lernen. Zum anderen ist das Anleiten zu reflektieren. Es umfasst die emotionale Unterstützung, wenn es um die Entwicklung des Selbstkonzepts, des Interesses, der Aufrechterhaltung von Aufmerksamkeit und Konzentration sowie der Leistungsmotivation geht ebenso wie die Unterstützung und Begleitung sozialer Prozesse in der Klasse als auch in Gruppen (Wannack, Schütz, Arnaldi 2009).

Damit die Lehrpersonen sich der Spiel- und Lernbegleitung widmen können, ist einerseits die Gestaltung entsprechender Unterrichtssequenzen notwendig und andererseits ein strukturgebender Rahmen, damit sich die Kinder möglichst selbstständig mit den verschiedenen Spiel- und Lernangeboten aktiv und handelnd, allein und in der Gruppe auseinandersetzen können. Dies führt uns zur dritten Ebene der Unterrichtsgestaltung, dem Classroom Management.

2.2.3 Classroom Management

An dieser Stelle wird lediglich knapp auf das Classroom Management eingegangen, da die ausführlichen Erläuterungen dazu in Kapitel 3 folgen. Führen wir uns eine Unterrichtssituation wie die folgende vor Augen, dann wird deutlich, weshalb Doyle (1986) von einer komplexen Aufgabe für die Lehrperson spricht. Im Sitzkreis befinden sich zwanzig Kinder. Die Lehrperson ist dabei, Anweisungen für die nächste Unterrichtssequenz in Form von Werkstattarbeit zu geben. Zunächst teilt sie allen Kindern den Werkstattpass aus, damit diese eine Übersicht über ihre bereits erledigten respektive angefangenen Werkstattaufgaben gewinnen. Im nächsten Schritt klärt sie mit den Kindern, in welcher Gruppenzusammensetzung und an welchen Aufgaben sie die Arbeit in der Werkstatt weiterführen wollen. Sobald sich die Kinder entschieden haben, entlässt sie sie zu den im Voraus bereitgelegten Werkstattaufgaben. Kaum haben alle Kinder mit ihren Aufgaben angefangen, wird die Lehrperson von einer Gruppe gerufen, weil sich die Kinder uneins sind, wo sich das benötigte Material befindet. Während sie dieser Gruppe hilft, hört sie, dass der Lärmpegel am Anschwellen ist. Ein Blick zur entsprechenden Gruppe macht deutlich, dass die Kinder in einen Konflikt geraten sind und diesen lauthals austragen. Die Lehrperson wendet sich der Gruppe zu und macht sie auf die geltenden Regeln aufmerksam. Das Beispiel gibt Hinweise auf zentrale Elemente des Classroom Management wie sie in Abbildung 2 zu finden sind, und zwar die Raumgestaltung, die Prozeduren und die Regeln. Gemeinsam mit den Ritualen bilden sie ein filigranes Geflecht, das auf die «Errichtung und Aufrechterhaltung von Ordnungs- und Kommunikationsstrukturen» (Schönbächler 2008, S. 23) ausgelegt ist und damit eine unentbehrliche Dimension der Unterrichtsgestaltung darstellt.

3 Classroom Management in der Schuleingangsstufe

Bevor wir auf das von uns erarbeitete Modell eingehen, werden die theoretischen und empirischen Grundlagen zum Classroom Management in ihrer historischen Entwicklung dargelegt. Wir wählen dieses Vorgehen, weil Classroom Management im deutschsprachigen Raum oftmals auf den Umgang mit Unterrichtsstörungen reduziert wird.

3.1 Theoretische und empirische Grundlagen zum Classroom Management

Seine Wurzeln hat das Classroom Management im angloamerikanischen Raum. Ausgehend von der «Wisdom of Practice» von Lehrpersonen, wurden Prinzipien zur Einhaltung von Ordnung und Disziplin gesammelt und als Anleitungen publiziert (Brophy 2006). Ab den 1950er-Jahren wurde das Classroom Management Gegenstand empirischer Forschung. Wegleitend dafür sind die Arbeiten von Jacob S. Kounin. Mit seinen Studien, die ökologischen Ansätzen verpflichtet waren und deshalb nicht nur auf das individuelle Verhalten von Schülerinnen und Schülern im Unterricht fokussierten, sondern das ganze Geschehen im Klassenzimmer zu erfassen suchten, leitete er einen Perspektivenwechsel ein. Nicht mehr die Sanktionierung von unangemessenem Verhalten stand im Zentrum des Interesses, sondern die Frage, weshalb es den einen Lehrpersonen besser als anderen gelingt, den Unterricht geschmeidig zu führen. Kounin und Mitarbeitende arbeiteten fünf Aspekte heraus, die der Prävention von Unterrichtsstörungen dienten, und legten so ein auf empirischen Befunden basierendes Konzept des Classroom Management vor (Kounin 1970; 2006):

— Allgegenwärtigkeit *(withitness)*: Die Lehrperson gibt zu erkennen, dass sie über das unterrichtliche Geschehen im Bild ist.

— Überlappung *(overlapping):* Die Lehrperson ist in der Lage, sich
bei simultan auftretenden Schwierigkeiten gleichzeitig um diese
zu kümmern.

— Reibungslosigkeit *(smoothness)* und Schwung *(momentum):*
Bei Themenwechseln, Wechseln der Sozialform und weiteren
Übergängen im Unterricht versucht die Lehrperson, diese möglichst
ohne große Verzögerungen zu gestalten.

— Gruppenmobilisierung *(group alerting)* und Rechenschaftsprinzip
(accountability): Die Lehrperson achtet darauf, dass die Schülerinnen
und Schüler aufmerksam und bei der Sache sind. Sie lässt sich von
ihnen zeigen, was sie alles bearbeitet haben.

— Herausforderung und Abwechslung *(challenge and variety):*
Die Lehrperson gestaltet den Unterricht oder die Lernumgebung
abwechslungsreich und adaptiv in Bezug auf die
Lernvoraussetzungen der Schülerinnen und Schüler.

Insbesondere Evertson und Emmer kommt das Verdienst zu, den Zusammenhang zwischen dem Classroom Management Kounin'scher
Prägung und Leistungsmerkmalen empirisch aufzuzeigen (Brophy
2006). Studien zur Unterrichtsqualität belegen, dass das Classroom
Management eine große Rolle spielt, damit die Schülerinnen und Schüler möglichst viel Zeit auf die konzentrierte Vertiefung eines Lerngegen-
stands verwenden können.

Evertson et al. war es anhand ihrer Studien auch möglich, das Konzept
von Kounin weiterzuentwickeln und auszudifferenzieren. In ihrem Klas-
siker «Classroom Management for Elementary Teachers» (Evertson,
Emmer, Worsham 2003) unterscheiden sie folgende Aspekte:

— Raumgestaltung *(organizing the classroom):* Arrangement der
Sitz- und Pultordnung sowie von spezifischen Spiel- und Lernbereichen. Der Bereich der Raumgestaltung schließt Überlegungen
zur Verfügbarkeit von Materialien ein, denn je nachdem, wie und
wo diese verfügbar sind, kann möglichen Friktionen bei der paral-

lelen Nutzung, bei Wechseln und so weiter vorgebeugt werden.

— Regeln und Prozeduren *(planning and teaching rules and procedures):*
Regeln fokussieren allgemeine Verhaltensweisen wie zum Beispiel,
die anderen Kinder und was ihnen gehört zu respektieren. Sie bringen zum Ausdruck, welches Verhalten erwünscht respektive unerwünscht ist. Prozeduren zielen auf organisatorische Abläufe ab, also
beispielsweise den Handlungsablauf nach Erledigung einer Aufgabe.

— Verantwortlichkeit der Kinder *(managing student academic work):*
Auf der einen Seite müssen Aufgaben so erteilt werden, dass sie für
die Kinder klar sind und von ihnen möglichst selbstständig bearbeitet
werden können. Auf der anderen Seite lässt sich die Lehrperson von
Kindern erläutern, woran sie gerade arbeiten.

— Aufrechterhalten von angemessenem Verhalten *(maintaining good
student behavior):* Dieser Aspekt zielt darauf ab, dass sich die
Lehrperson Strategien überlegt und bereithält, um angemessenes
Verhalten der Kinder zu unterstützen respektive um bei
unangemessenem Verhalten der Kinder zu intervenieren.

— Vorbereiten des Unterrichts *(planning for instruction):* Darunter wird
das Bereitstellen von unterschiedlich schwierigen Aktivitäten in
Bezug zum Entwicklungs- und Leistungsstand der Kinder und deren
Aufbereitung in verschiedenen Unterrichtsformen verstanden.

— Unterrichtliche Klarheit *(conducting instruction):* Die Lehrperson
achtet darauf, dass der Unterricht eine klar ersichtliche Struktur in
seiner Abfolge hat. Nachdruck wird einerseits auf Klarheit und Strukturiertheit bei der Einführung von neuen Lerninhalten gelegt und
andererseits darauf, dass Verbindungen zu bereits Gelerntem hergestellt und Zielsetzungen formuliert werden.

— Schwung behalten *(maintaining momentum):* Vor allem nach
Erteilen einer Aufgabe muss sich die Lehrperson vergewissern,
ob die Kinder die Aufgabe verstanden haben. Übergänge zwischen

Unterrichtssequenzen sind mittels Routinen so zu gestalten, dass sie reibungslos ablaufen.

— Aktivitäten zum Schulbeginn *(getting the year off to a good start):* Dieser Aspekt ist besonders wichtig, wenn eine neue Klasse übernommen wird. Es gilt, in den ersten Wochen zu deklarieren, welche Verhaltenserwartungen gelten, welcher Umgang in der Klasse gepflegt wird und wie häufig wiederkehrende Abläufe organisiert sind. Dazu werden Regeln und Prozeduren eingeführt und wird ein Schwerpunkt auf die Gemeinschaftsbildung gelegt.

Vergleichen wir die anfänglichen Zielsetzungen, die Aspekte Kounins sowie von Evertson et al., wird offensichtlich, dass sich das Konzept «Classroom Management» im Laufe der Zeit stark gewandelt und erweitert hat. Evertson und Neal zeigen den Wandel an fünf Orientierungspunkten auf (Evertson, Neal 2006, übersetzt von den Autorinnen):

Orientierungspunkt	Ausgehend von ...	Hingehend zu ...
Zielsetzung Classroom Management	Kontrolle des Unterrichtsgeschehens an sich	Förderung von Lernaktivitäten und Unterstützung der Selbstregulation der Kinder, Gemeinschaftsbildung
Fachliche Zielsetzungen	Vorgegebene Abfolge von Lernschritten für das Lernen von Sachinhalten	Individuelle Lernwege für Sachinhalte, Arbeits- und Lerntechniken, Methodenvielfalt
Erzieherische Zielsetzungen	Gehorsam und Konformität	Autonomie, Selbstregulation, Verantwortung
Soziale Zielsetzungen	Einzelarbeit nach Vorgabe, eine definierte Schülerrolle	Verschiedene Sozialformen und damit verschiedene Schülerrollen
Beziehung zwischen Classroom Management und Lehrformen	Führung und Instruktion sind je eigene Bereiche.	Führungs- und Instruktionsbereich werden in der Unterrichtsgestaltung explizit miteinander verzahnt.

Tabelle 1: Das Konzept «Classroom Management» im Wandel

Besonders hervorzuheben ist der letzte Punkt, die Beziehung zwischen Classroom Management und Lehrformen. Zunächst handelte es sich tatsächlich um das Verhältnis von Classroom Management und Instruktion durch die Lehrperson. In einer solchen Unterrichtsanlage, in deren Zentrum der Frontalunterricht stand, war ziemlich klar, welche Verhaltensregeln gelten, denken wir an Erklärungen der Lehrperson oder an fragend-entwickelnde Sequenzen. Mit der Einführung von erweiterten Lehr- und Lernformen im Sinne offener Sequenzen wird die Unterrichtsgestaltung komplexer, wovon die Ausführungen in der Spalte «Hingehend zu...» zeugen (vgl. Tabelle 1). Es geht nicht mehr so sehr um Ruhe und Ordnung im Unterricht, sondern um das Schaffen einer Spiel- und Lernumgebung, die im Dienste der Differenzierung, der Individualisierung und des selbstständigen Lernens steht. Damit wird nicht nur für die Lehrperson die Unterrichtssituation komplexer, sondern auch für die Kinder (Carter, Doyle 2006). Classroom Management muss deshalb auf die gewählten Unterrichts- und Sozialformen Rücksicht nehmen, soll eine spiel- und lernzentrierte Umgebung geschaffen werden, die aktives kognitives und soziales Lernen der Kinder ermöglicht und die von gegenseitiger Wertschätzung und Anerkennung zwischen Kindern sowie Lehrperson und Kindern getragen ist.

Anfangspunkt für unsere Studie bildet das Konzept von Evertson et al. (2003). Deshalb verwenden wir auch durchgehend den englischen Begriff Classroom Management. Wir fokussieren jedoch enger auf bestimmte Aspekte – Raumgestaltung, Regeln und Prozeduren, Verantwortlichkeit der Kinder, Aufrechterhalten von angemessenem Verhalten sowie das Schwungbehalten – des Classroom Management. Damit verfolgen wir das Ziel, die Unterrichtspraxis in der Schuleingangsstufe zu analysieren und detaillierter und konkreter Elemente und Funktionen des Classroom Management herauszuarbeiten.

3.2 Elemente und Funktionen des Classroom Management

Als Datengrundlage für die Erarbeitung des nachfolgend beschriebenen Modells zum Classroom Management dienen uns die fokussierten Interviews und die videobasierten Unterrichtsbeobachtungen. Im Verlauf der theoretischen und empirischen Bearbeitung konnten vier Elemente und deren Funktionen bestimmt werden (vgl. Abbildung 4).

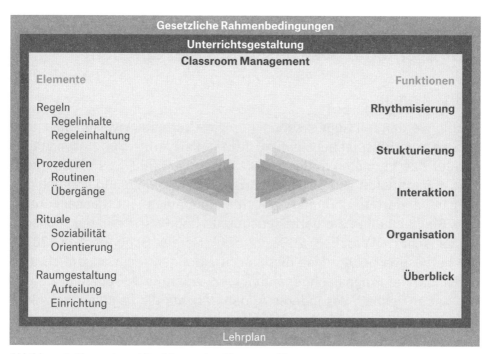

Abbildung 4: Elemente und Funktionen des Classroom Management

Im folgenden Kapitel werden die vier Elemente in ihrer Ausdifferenzierung jeweils einzeln beschrieben. Die Kapitel sind so aufgebaut, dass zu Beginn jedes Element knapp definiert wird. Dieses Vorgehen haben wir gewählt, weil es eine Vielzahl von Umschreibungen gibt, die sich zum Teil, wenn nicht gerade widersprechen, so doch überlappen. Wir erhoffen uns davon eine größere begriffliche Klarheit. Wie der Abbildung 4 zu entnehmen ist, kann jedes Element weiter aufgegliedert werden. Dies lässt eine differenziertere Strukturierung und Darstellung zu. Ergänzt werden die Beschreibungen durch Zitate aus den Interviews und den Videotranskripten.

3.3 Elemente des Classroom Management

3.3.1 Regeln

Häufig werden mit Regeln sehr allgemeine Verhaltensweisen beschrieben, so zum Beispiel bei Helmke, der sie als «verbindliche Abmachungen für das Verhalten in der Schule» (Helmke 2009, S. 180) definiert. Eine etwas ausführlichere Definition findet sich bei Woolfolk. Hier legen Regeln «erwartete und unerwünschte Handlungen im Klassenkontext fest. Sie beinhalten die Verhaltensgebote und -verbote in der Klassengemeinschaft» (Woolfolk 2008, S. 550). Bereits Schönbächler (2006) hat herausgearbeitet, dass die Umschreibungen recht allgemein sind und kaum der Frage nachgegangen wird, worauf sich Regeln beziehen. Wir haben deshalb besonderes Augenmerk auf die *Regelinhalte* gelegt und unterscheiden fünf Regelgruppen:

— Integrität der Person: Es werden Regeln definiert, die den Umgang der Kinder untereinander fokussieren. Zum Schutz vor physischen und verbalen Übergriffen wird häufig eine Stopp-Regel eingeführt. Fühlt sich ein Kind bedrängt, zeigt es mit «Stopp» den anderen Kindern an, dass die beteiligten Kinder ihr unangemessenes Verhalten unterlassen sollen.

«Und die Stopp-Regel: Also Stopp heißt, wenns jemandem weh macht, wenn jemand nicht mehr mitmachen will. Und das muss also sehr konsequent eingehalten werden.» (PS3, FI 154) [1]

Ein weiterer Bereich ist das gemeinsame Spielen und Lernen. Mit der Regel, dass jedes Kind das Recht hat, in einer Gruppe mitzumachen, wird dem Ausschluss einzelner Kinder vorgebeugt.

— Kommunikation: Sowohl in geführten als auch in offenen Sequenzen gelten die Regeln, dass Kinder wie Lehrperson ausreden können und ihnen zugehört werden sollte. In erarbeitenden Unterrichtsformen wird Wert darauf gelegt, dass die Kinder mit der Hand anzeigen, wenn sie einen Beitrag leisten möchten.

«[...] das mit dem Handhochhalten, ist halt etwas, was nicht funktioniert in der Gruppe, wenn jeder dreinredet. Ich finde es auch wichtig, dass die Kinder einander zuhören, ist immer wieder ein bisschen schwieriger. Also zum Nicht-Dreinreden gehört auch nicht einfach nur still sein, sondern auch aufmerksam verfolgen, was passiert überhaupt, was reden die andern.» (KG3, FI 72)

In offenen Sequenzen, aber auch in geführten Sequenzen, wenn zum Beispiel eine Aufgabe in der Gruppe zu lösen ist, spielt die Lautstärke, in der sich die Kinder miteinander unterhalten, eine wichtige Rolle und wird dementsprechend auch besprochen.

— Sorgfalt: In diesem Bereich wird vor allem der Umgang mit Spiel- und Lernmaterialien, aber auch mit Mobiliar thematisiert. Häufig werden Spiel- und Lernmaterialien eingeführt und damit wird der sachgerechte Umgang mit diesen erläutert respektive eingeübt. Geht trotzdem etwas kaputt, wird gemeinsam überlegt, wie der Schaden behoben werden kann.

«[...] die Sorgfalt im Umgang mit dem Material [...], das ist etwas, worauf ich von Anfang sehr viel Wert lege.» (KG1, FI 50)

— Ordnung: Dieser Regelinhalt bezieht sich einerseits auf das

---

[1] Legende: KG: Kindergarten-Lehrperson; PS: Primarunterstufen-Lehrperson; FI: Fokussiertes Interview; Zahl: Zeilenbeginn für Zitat aus dem Transkript.

Ankommen im Kindergarten oder in der Schule. Die Kinder hängen ihre Jacken in der Garderobe auf, wechseln die Schuhe und verstauen den Schulsack oder ihre Tasche an dem dafür vorgesehenen Ort. Andererseits wird auf die Ordnung in den Spiel- und Lernbereichen fokussiert. Bei einem Wechsel oder beim Beenden eines Spiel- und Lernangebots räumen die Kinder die verwendeten Materialien respektive den Spiel- und Arbeitsplatz auf.

«Also, es ist nicht nur eben [...] das Aufräumen. Auch die Garderobe, weil wir brauchen die Garderobe einfach [...] als Spielraum [...], und dann möchte ich eigentlich, dass die Kinder auch sehen, man kann Ordnung haben.» (KG4, FI 45)

— Mobilität: In erster Linie geht es darum, dass die Lehrperson weiß, wo sich die Kinder aufhalten. Deshalb müssen sie es der Lehrperson mitteilen, wenn sie den Innenraum oder das Klassenzimmer verlassen. Als weitere Regel wird definiert, dass im Kindergarten oder im Klassenzimmer nicht gerannt werden darf. Gründe dafür sind die Unfallgefahr und die Unruhe, die dadurch entsteht.

«nicht herumrennen [...]; es gibt eine enorme Unruhe. Das ist mal das eine. Und das andere ist einfach, von dem Gefahrenherd her.» (KG4, FI 49)

Mit der Bestimmung von Regeln bringen die Lehrpersonen ihre Erwartungen bezüglich des Verhaltens der Kinder explizit zum Ausdruck. In der Folge gilt es nun, darüber zu wachen, ob die Regeln eingehalten werden. Primär unterstützen die Lehrpersonen erwünschtes Verhalten durch positive Rückmeldungen an einzelne Kinder oder die Klasse. Fruchtet dies nicht, dann wenden die Lehrpersonen verschiedene Strategien an, um auf unerwünschtes Verhalten aufmerksam zu machen oder es zu sanktionieren. Grob können Strategien auf der Individual- und der Klassenebene unterschieden werden.

— Ermahnung: Häufig weisen die Lehrpersonen einzelne Kinder nonverbal – sei es durch Blickkontakt, eine kurze Berührung, durch das Zeigen einer gelben oder roten Karte – darauf hin, dass sie eine Regel verletzt haben. Verbal geschieht dies zum Beispiel durch die Nennung des Namens oder die Frage, woran das Kind arbeitet, respektive den Hinweis, woran es arbeiten sollte. Betrifft die Ermahnung die ganze Klasse, weil beispielsweise der Lärmpegel zu hoch ist, setzen die Lehrpersonen nonverbale Mittel (Kärtchen, selber hergestellte Verkehrsampeln, Klanginstrumente) ein, um darauf aufmerksam zu machen, oder unterbrechen die Tätigkeit, um verbal auf die Regelverletzung hinzuweisen. Wenn die Ermahnungen nicht zum gewünschten Ziel führen, ergreifen die Lehrpersonen Maßnahmen von unterschiedlicher Reichweite.

«*Lehrperson: [...] eh der Stefan[2] hat eben wieder gar nicht zugehört. [...] Und ihr wisst, ihr habt eine ganz dunkelgelbe Karte!*
Daniel: Ganz dunkel?
Lehrperson: Aber ganz dunkelgelb!
Stefan: Was heißt rot?
Lehrperson: Dann sitzt ihr nicht mehr nebeneinander, das haben wir abgemacht.
Daniel: Ich weiß, was man machen muss.» (PS3, VT 580)[3]

— Temporärer Ausschluss: In Gesprächskreisen kann das für die betroffenen Kinder bedeuten, dass sie den Platz wechseln müssen oder für eine kurze Zeit ausgeschlossen werden.

«*Es gibt manchmal vielleicht Situationen – eben im Kreis –, wenn wir – wenn ich eine Geschichte erzähle oder wenns wirklich ruhig sein sollte, hats schon gegeben, dass ein Kind einfach an den Platz gehen musste! Und das reicht eigentlich schon!*» (PS3, FI 198)

— Einschränkung der Wahlfreiheit oder Verbote: Die Lehrpersonen sanktionieren auch, indem sie den Kindern eine bestimmte Tätigkeit zuweisen, ihre Wahlfreiheit in offenen Sequenzen einschränken oder ihnen den Zugang zu einem bestimmten Spiel- und Lernangebot (Baubereich, Computernutzung und so weiter) verwehren.

[2] Den Kindern werden aus Gründen der Anonymität zufällig Mädchen- oder Knabennamen zugeteilt.

[3] KG: Kindergarten-Lehrperson; PS: Primarunterstufen-Lehrperson; VT: Videotranskript; Zahl: Zeilenbeginn für Zitat aus dem Transkript.

«Das hab ich auch schon gemacht – ein Verbot bekommen! Und die dürfen halt dann eine gewisse Zeit nicht an diesem Platz spielen, weil sie entweder Sachen umhergeworfen haben, blöd getan haben.» (KG2, FI 147)

— Diskussion der Regeln: Sowohl mit einzelnen Kindern als auch mit der Klasse werden die verletzten Regeln besprochen und die Konsequenzen bei Nichteinhaltung aufgezeigt. Es wird je nach Situation überlegt, was es braucht, um sie einhalten zu können, oder ob neue Regeln eingeführt werden müssen.

«[...] eine Diskussion über die Regeln, wieder mal darauf aufmerksam zu machen, ich versuch das so zu steuern, oder halt direkt im Moment darauf aufmerksam machen, oder direkt ansprechen und nachfragen, ja aber warum, oder was haben wir abgemacht, ja, ich reagiere da im Moment eigentlich relativ spontan darauf. Also bestimmt nicht immer gleich, sondern wirklich der Situation angepasst.» (KG3, FI 80)

— Abbruch der Unterrichtssequenz: Eine Maßnahme auf der Klassenebene stellt das Abbrechen einer Unterrichtssequenz dar. Erfolgt diese Sanktion, dann haben die verschiedenen, bereits beschriebenen Strategien nicht zum Ziel geführt.

«[...] und das kann so weit gehen, dass wir aufräumen. Wenns gar nicht geht, wird aufgeräumt, und dann machen wir was ganz Unschönes, etwas, ja, was sie nicht so gerne mögen, oder halt ganz leise sein und leise arbeiten [...]» (PS1, FI 89)

— Belohnungssysteme: Zur Unterstützung von angemessenem Verhalten nennen die Lehrpersonen Formen der Belohnung. Die Kinder starten beispielsweise am Montag mit einer bestimmten Anzahl Punkte. Verstoßen sie im Verlauf der Woche gegen eine Regel, dann wird jeweils ein Punkt abgezogen. Je nach Punktestand dürfen sie sich am Ende der Woche etwas wünschen, können ein kleines Geschenk wählen und so weiter. Diese Maßnahme wird von den Lehrpersonen dann eingesetzt, wenn andere Strategien über einen längeren Zeitraum keinen Erfolg erzielen.

«Ich habe in dieser Klasse kein spezielles Belohnungs- oder Bestrafungssystem [...], hab ich letztes Jahr einführen müssen im Sinn von, weil es einfach nicht mehr anders ging [...]» (PS2, FI 137)

Die Lehrpersonen beschreiben, dass sie wenige Regeln – wir nennen sie Grundregeln – zu Beginn des Schuljahres definieren, welche die fünf Regelgruppen (Integrität, Kommunikation, Sorgfalt, Ordnung, Mobilität) abdecken. Einige Lehrpersonen führen diese systematisch ein, andere dann, wenn eine entsprechende Situation auftritt. Handelt es sich um Mehrjahrgangsklassen, dann übernehmen häufig die älteren Kinder beiläufig die Einführung der Grundregeln. Die Einhaltung wird oftmals visuell anhand von Bildkarten, die aufgehängt sind, unterstützt. Im Verlauf des Schuljahrs kann es – je nach Klasse – notwendig sein, aufgrund bestimmter Vorkommnisse gemeinsam mit den Kindern zusätzliche Regeln zu erarbeiten und in Kraft zu setzen. Für dieses Vorgehen dienlich sind Reflexionen in der Klasse am Ende eines Halbtags oder beim Wochenrückblick. Dann wird beispielsweise darüber gesprochen, wie gut die Kinder während einer offenen Sequenz spielen und lernen konnten, ob sie sich wohlgefühlt haben. Gegenstand solcher Runden sind nicht nur das Einhalten der Regeln, sondern auch organisatorische Aspekte (siehe Prozeduren) und Vorschläge zur Verbesserung des Lern- und Sozialklimas.

Um die Regeleinhaltung langfristig zu unterstützen, ist es dienlich, wenn an einer Schule bestimmte Grundregeln für den Unterricht klassenübergreifend definiert und mit Schulregeln abgestimmt werden. Ein Beispiel ist das gegenseitige Grüßen im Schulhaus und zu Beginn eines Halbtags in der Klasse. Gerade in der Schuleingangsstufe sind Regeln, aber auch Prozeduren Gegenstand an Elternabenden. Dabei bietet sich eine gute Gelegenheit, auch über Regeln in der Familie zu diskutieren und bestenfalls eine gewisse Übereinstimmung und Verbindlichkeit zu erzielen.

3.3.2 Prozeduren

Im Unterrichtsalltag gibt es eine Vielzahl von wiederkehrenden Situationen, für die es sich lohnt, sogenannte Prozeduren einzuführen. Prozeduren werden definiert als spezifische Verhaltensweisen, die darauf ausgerichtet sind, wiederkehrende Abläufe möglichst so zu organisieren, dass sie keiner Erklärung mehr bedürfen und wie von selbst ablaufen (vgl. Evertson, Emmer, Worsham 2003; Weinstein, Mignano 2007). Wir unterteilen die Prozeduren in zwei Formen: Routinen und Übergänge.

Routinen beziehen sich auf verschiedene Aspekte des Unterrichtsalltags. Zu Beginn des Halbtags rückt das Ankommen in den Vordergrund. Je nach Kindergarten- oder Schulregel dürfen die Kinder erst zu einer bestimmten Zeit das Gebäude betreten. Beim Eintreten werden sie von der Lehrperson persönlich begrüßt. Anschließend bereiten sie sich auf den Unterricht vor, indem die Schuhe gewechselt werden, das Znüni und Schulmaterial ausgepackt und an entsprechender Stelle weggeräumt wird. Vorgegeben ist ebenfalls, welche Aktivitäten in der Zeit bis zum eigentlichen Unterrichtsbeginn ausgeführt werden können (Spiele im Sitzkreis, Lesen, Bilderbuch anschauen und so weiter). Eine Routine am Ende des Halbtags betrifft die Hausaufgaben. Häufig wird nochmals besprochen, welche Aufträge die Kinder zu erfüllen haben, und diese werden allenfalls in ein Hausaufgabenheft eingetragen, oder es wird ein Notizzettel angefertigt. Das benötigte Material oder die Unterlagen werden eingepackt.

«Also, das ist immer so am Morgen, wenn sie in die Schule kommen, müssen sie einfach das ganze Schulmaterial aus dem Schulsack transportieren, und dann geben sie die Hausaufgaben ab, also da hat es zwei Hausaufgabenfächer.» (PS2, FI 137)

Weitere Routinen werden im Zusammenhang mit Materialien und Arbeitsergebnissen der Kinder eingeführt. Bestimmte Ergebnisse wie Arbeitsblätter, Hefte oder Zeichnungen werden im Pult oder in personalisierten Ablagefächern deponiert. Die Lehrpersonen besprechen mit den Kindern, wie Ordner, Hängeregister und so weiter geführt werden. Soll Material wie Lernspiele, Notizpapier, Werkmaterialien oder Bilderbücher frei zur Verfügung stehen, so wird dieses nach Möglichkeit in offenen Gestellen zugänglich gemacht – im Unterschied zu Materialien, die die Lehrperson gezielt herausgibt.

«*Lehrperson: Du kannst es in dein Register aufräumen gehen. Ah, weißt du was? Du bist dann nicht da gewesen, komm, ich komme es dir zeigen. Ich glaube, deinen Namen müssen wir sowieso noch anschreiben.*
(Lehrperson geht mit Sandra zum Register-Wagen im angrenzenden Raum. Sie erklärt und zeigt gleichzeitig.)
Lehrperson: Schau, wir haben da angefangen, ein Register zu machen, das heißt, jedes Kind hat da wie einen kleinen Ordner, wo es seine Sachen reintun kann. Das ist viel praktischer, als wenn man immer den Ordner auftun muss. [...] Jetzt hast du noch keines, jetzt habe ich dir da ein Kärtchen, wo du deinen Namen draufschreiben darfst, musst einfach schauen, dass du den oberen Teil brauchst für deinen Namen, schau mal da zum Beispiel [...]
(Sandra nimmt das Namenschildchen und schreibt ihren Namen drauf.)
Lehrperson: Darfst du es da reinstoßen. Umgekehrt, dass der Name vorne ist. Der Name muss vorne sein, genau.
(Sandra schiebt mit Hilfe der Lehrperson das Namensschildchen in den Halter.)
Lehrperson: Und jetzt (...) tun wir's gerade an das nächste, das frei ist, da dran, zagg. Jetzt ist das dein Register. Schau mal, du musst es gar nicht herausnehmen, du kannst einfach mal da aufschieben und reintun (legt die Zeichnung mit Sandra zusammen in das Register), genau.»
(KG3, VT659)

Routinen werden auch passend für bestimmte Unterrichtsformen festgelegt. Für das freie Spiel werden verschiedene Angebote eingerichtet, die das wesentliche Spielmaterial enthalten. Je nach Spielangebot steht es den Kindern frei, zusätzliches Material zu verwenden. Häufig verlangen

Werkstattaufgaben oder Wochenplanarbeit spezielle Materialien. Sie werden entweder von der Lehrperson bereitgestellt, oder die Kinder wissen, wo sie diese finden. Individuelle Arbeitsaufträge oder Wochenplanarbeiten sind in ausgeklügelte Ordnungssysteme eingebettet. Sie enthalten Hinweise auf die benötigten Materialien, geben an, wie der Arbeitsstand mittels Arbeitspass oder Arbeitsplänen festzuhalten ist und wie fertige Arbeiten abzulegen sind.

Routinen werden ebenfalls für das Hervor- und Aufräumen eingeführt. Oftmals greifen die Lehrpersonen zur Unterstützung solcher Routinen – Einrichten eines Spielplatzes, Auf- oder Abbau einer Werkstatt, Ordnung in der Garderobe, Znüniverzehr – auf ein Chef-System zurück.

«... bei den Schuhen in der Garderobe, das braucht immer etwas mehr Zeit, bis sie wirklich gucken, welche Schuhe sind nicht gut, was hängt nicht auf, was muss ich hineinbringen... [...] Wenn ich dann wechsle und das neue Kind noch nicht – also das neue Ämtchenkind noch nicht weiß, was es tun muss, dann schicke ich einfach den alten Chef mit. Der macht dann die Einführung, und das klappt eigentlich recht gut.» (KG6, FI43)

Gerade bei Kindern dieser Altersstufe werden auch Routinen für den Wechsel von Räumlichkeiten eingeführt, denken wir an die Zweierreihe, die nicht nur innerhalb des Kindergarten- oder Schulareals gebildet wird, sondern ebenfalls bei Ausflügen. Für das Einführen dieser Routine spricht der Sicherheitsaspekt. Die Lehrperson sieht sehr schnell, ob die Klasse vollständig ist und sich auf den Weg begeben kann.

«Ja, wenn wir ins Turnen gehen, so, dass sie sich immer schön da vorne aufstellen, immer am gleichen Ort, Zweierreihe machen, weil wir müssen da über die Gasse.» (PS6, FI136)

Übergänge spielen im Kindergarten- und Schulalltag eine wichtige Rolle. Sie finden einerseits zwischen Unterrichtssequenzen und andererseits innerhalb von Unterrichtssequenzen statt. Essenziell für die Gestaltung von Übergängen sind *zwei Formen*:

Das *Verteilen* bezieht sich auf Unterrichtssituationen, bei denen die Sozialform Klasse aufgelöst wird und die Kinder einzeln oder in Gruppen auf verschiedene Spiel- und Lernangebote verteilt werden. Innerhalb einer geführten Sequenz kann dies der Übergang von einem Gesprächskreis in eine arbeitsgleiche oder arbeitsteilige Gruppenarbeit sein. Zwischen Unterrichtssequenzen ist es beispielsweise der Übergang von einer geführten Sequenz in eine offene Sequenz. Die Lehrperson muss sich überlegen, wie sie die Kindergruppen zusammensetzt. Dazu bieten sich drei Strategien an. Je nach pädagogisch-didaktischen Zielsetzungen wird sie die Gruppenzusammensetzung nach bestimmten Kriterien wie zum Beispiel Leistungshomogenität/Leistungsheterogenität, Altersdurchmischung, Geschlecht selber bestimmen. Eine zweite Möglichkeit für die Gruppenzusammensetzung ergibt sich durch Zufall, indem die Kinder beispielsweise Bildkarten ziehen, würfeln oder einen Abzählvers verwenden. Die freie Wahl eines Spiel- und Lernangebots respektive der Partnerinnen und Partner stellt die dritte Möglichkeit dar. Mit der Art der Gruppenbildung und dem gestaffelten Verteilen auf die Spiel- und Lernangebote bieten sich der Lehrperson unterschiedliche Grade der Lenkung an. In Abstimmung mit dem Spiel- und Lernangebot entscheidet sie, welche Gruppengröße optimal ist. Sie kann des Weiteren darauf achten, dass die Kinder nicht immer dieselben Spiel- und Lernangebote nutzen und nicht stets mit den gleichen Kindern zusammen sind. Je nachdem ist es im Sinne der Minimierung von Konflikten auch sinnvoll, bestimmte Gruppenkonstellationen zu vermeiden. Indem die Lehrperson die Kindergruppen nacheinander zu einem bestimmten Spiel- und Lernangebot entlässt, behält sie nicht nur den Überblick, sondern ermöglicht den Kindern auch einen zügigen Beginn im entsprechenden Angebot.

«Lehrperson: Ich komme bei jedem vorbei, und dann dürft ihr ein Steinchen auslesen. Einfach eines herausfischen. Sehr gut! Jetzt könnt ihr mal schauen, was ihr für ein Steinchen habt.
Susanne: Ich weiß schon welches!

*Lehrperson: Und stehen alle, die ein goldenes Steinchen haben,
gleich mal auf. Genau. 1, 2, 3, 4, genau, hast du auch noch ein
goldenes, Markus? Sehr gut. Jetzt, Regula, du kannst gleich nach
hinten gehen. Der Jakob geht gleich zum Tuch dort hinten. Markus,
kannst dort zum Tisch gehen. (Markus macht sich auf den Weg)
Lehrperson: Nachher, Agnes, du kannst zum Tisch hingehen.
Der Sven kann gleich dorthin an den Boden gehen. (Sven macht
sich auf den Weg). Die dritte Gruppe, die kann dann gleich hier im
Kreis sein. Nico du kannst dahin. Nachher, alle, die ein blaues
haben, aufstehen! Dann kann der Klaus zur Regula gehen.
Die Monika kann zum Jakob, der Mirko zur Agnes, Tatjana zu
Sven [...].»* (KG6, VT388)

Das *Sammeln* – die zweite Form – kommt nach Pausen sowie am Ende
des Halbtages zum Tragen, vor allem aber nach offenen Sequenzen. Die
Lehrperson muss für die Sammelphasen berücksichtigen, dass die Kinder mit Aufgaben oder Wegräumen unterschiedlich schnell fertig sind.
Um dem unterschiedlichen Zeitbedarf Rechnung zu tragen, setzen die
befragten Lehrpersonen Kreis- und Bewegungsspiele ein. Dabei handelt
es sich nicht nur um ein «äußerliches» Sammeln etwa in Form des Sitzkreises, sondern auch um ein «innerliches» Sammeln in Form des
Sich-Konzentrierens, etwa die Aufmerksamkeit auf eine bestimmte Tätigkeit im Plenum zu richten. Dazu werden gemeinsame Aktivitäten wie
das Singen eines Liedes, Bewegungs- und Konzentrationsübungen oder
die Reflexion einer Unterrichtssequenz durchgeführt.

*«Wenn wir gemeinsam weiterfahren, gehen wir oft in den Kreis, [...]
dass wir wieder auch optisch gesammelt sind. Und machen dann
dort eine Übung oder singen zusammen ein Lied oder machen eine
Übung, zum Beispiel auch ein Puzzle legen, still. Einfach, dass wir
wieder gesammelt sind.»* (PS5, FI30)

In der Diskussion um Unterrichtsqualität wird immer wieder hervorgehoben, dass die Übergänge von möglichst kurzer Dauer sein sollen, damit mehr Zeit für Lernaufgaben bereitsteht (vgl. z. B. Brophy 1999; Helmke 2007). Das mag für die oberen Primarstufenjahre seine Gültigkeit haben. Für jüngere Kinder hingegen sind Übergänge – unter der Voraussetzung, dass die Lehrpersonen diese gezielt gestalten – ebenfalls Lerngelegenheiten und im Sinne der Rhythmisierung (vgl. Kapitel 3.4) wichtige Zeitfenster – gerade auch bei Blockzeiten –, die Abwechslung, Bewegung und Einkehr bringen.

Wie die Regeln werden auch die Prozeduren bei der Übernahme einer neuen Klasse eingeführt. Sozusagen am Anfang einer Prozedur steht das Gewinnen der Aufmerksamkeit der Kinder, bevor entsprechende Anleitungen gegeben werden oder auf eine bestimmte Routine verwiesen wird. Die Lehrpersonen verwenden dazu in erster Linie akustische Signale oder grafische Symbole.

> *«[...] Läuten der Glocke. Und dann wissen sie: So, jetzt ist so ein Zeitraum von fünf, zehn Minuten, je nachdem, was sie gerade gemacht haben. Und auch hier wissen sie bereits jetzt, dass, wenn alle helfen – auch da, wo sie vielleicht gar nichts gemacht haben –, dann ist schneller aufgeräumt!» (KG5, FI584)*

Im Verlauf des Schuljahres werden die Prozeduren so wenig wie möglich verändert. Das gilt auch für die Organisation von Unterrichtsformen wie Werkstattarbeit, Wochenplan oder freies Spiel. Insgesamt sind sich die Lehrpersonen einig, dass die Kinder ruhiger und selbstständiger spielen und lernen, wenn die Prozeduren – allenfalls unterstützt durch ein Chef-System – eingeführt und gefestigt sind. Sie stellen verlässliche Strukturen dar, die die Lehrperson wesentlich entlasten und ihr zu einem besseren Überblick verhelfen.

3.3.3 Rituale

Rituale sind ein bedeutsamer Bestandteil des Unterrichts in der Schuleingangsstufe. Dücker bedient sich einer Kurzformel, um den Begriff zu definieren, indem er Rituale als «sozial legitimierte, komplexe symbolische Handlungsabläufe» (Dücker 2007) beschreibt, gleichzeitig aber darauf hinweist, dass eine verbindliche Definition kaum möglich ist. Der Begriff sei eher mit Merkmalen zu umschreiben. Bedeutend für Rituale in der Schuleingangsstufe sind besonders zwei solcher Merkmale: Intentionalität, also das Verfolgen einer bestimmten Absicht wie zum Beispiel das Sammeln im Kreis (siehe Kapitel 3.3.2), und Repetivität, also das Wiederholen bestimmter Ereignisse auf immer gleiche Weise. Unter Berücksichtigung dieser beiden Merkmale konnten wir in unserer Studie Rituale zur Soziabilität und zur Orientierung herausarbeiten.

Soziabilität bezeichnet die Fähigkeit, mit anderen Menschen soziale Beziehungen aufzunehmen. Damit dies gelingt, ist das Individuum zugleich auf soziale Anerkennung angewiesen (Esser 1996). Rituale zur Soziabilität beziehen sich deshalb sowohl auf das Individuum als auch auf die Gemeinschaft. Ein Beispiel ist das Geburtstagsritual: Es rückt die Wertschätzung und die Anerkennung des einzelnen Kindes ins Zentrum. Stellvertretend für die vielen Möglichkeiten an Geburtstagsritualen wird hier eines näher beschrieben: Für das Geburtstagskind wird ein Thron und ein Geburtstagstisch mit einer Torte und der entsprechenden Anzahl Kerzen vorbereitet. Bei der Ankunft wird dem Kind eine Krone aufgesetzt, und es wird zum Thron geleitet. Die Lehrperson hat den anderen Kindern einen Wunschfaden ausgeteilt. Jedes Kind übergibt nun mit seinem Wunschfaden dem Geburtstagskind einen Wunsch. Aus allen Wunschfäden flicht die Lehrperson ein Armband und übergibt dieses dem Geburtstagskind. Danach werden die Kerzen angezündet, und es folgen die Geburtstagsgeschichte und das Geburtstagslied.

Eine weitere Form, in der das einzelne Kind im Mittelpunkt steht, sind die Zeigerunden. In diesen werden besondere Gegenstände wie zum Beispiel das Lieblingsspielzeug, eine zu Hause angefertigte Werkarbeit, ein besonderes Geschenk oder ein Album mit Panini-Bildern (Sport, Tiere) gezeigt.

«[...] also sie freuen sich jetzt hier eben auch drauf, ihre Sachen zu zeigen, so die Wertschätzung von den kleinen Sachen. Und es gibt ihnen so eine gewisse Sicherheit.» (PS6, FI54)

Rituale im Dienste der Gemeinschaftsbildung sind die Morgenrituale. Kinder und Lehrperson beginnen den Tag zusammen mit einem Lied, einer Geschichte oder Ähnlichem. Gemeinsam schauen sie in die Runde und zählen, ob alle da sind. Fehlt ein Kind, wird besprochen, weshalb es nicht da ist. Ein weiteres Ritual, das vor allem im Kindergarten beliebt ist, ist das gemeinsame Znüni-Essen. Dazu machen sich die Kinder mit ihrem Znüni im Sitzkreis bereit. Mit einem Spruch oder einem Lied beginnt die Zünipause. Durch verschiedene Initiativen zur Thematik gesunde Ernährung[4] wird auch immer häufiger in Unterstufenklassen das Znüni in ähnlich ritualisierter Form gemeinsam eingenommen.

Rituale zur Orientierung betreffen vor allem die zeitliche Orientierung im Verlauf des Tages oder der Woche. Zum Morgenritual gehört zum Beispiel das Führen eines Kalenders, um zu wissen, um welchen Tag es sich handelt. Zugleich markiert das Morgenritual den Beginn des Unterrichts, das Znüni- respektive Zvieri-Ritual gibt an, dass ungefähr die Mitte des Halbtags erreicht wurde, und das Abschiedsritual, dass der Halbtag zu Ende ist. Vor dem Wochenende wird in ritualisierter Form Rückschau gehalten, indem die Geschehnisse und besondere Erlebnisse der Woche von den Kindern berichtet und diskutiert werden.

«Also den Tagesablauf finde ich ganz wichtig, weil wir immer wieder aufgeteilte Gruppen haben! [...] an der Tafel zu sehen, wer hat musikalische Grundschule, und alle diese Dinge finde ich ganz wichtig auch für die Kinder, die eben Orientierungsprobleme haben!» (PS4, 36)

---

4   Vgl. z. B. Znüni-Box – ein Projekt, das in mehreren Kantonen der Schweiz durchgeführt wird: http://www.znunibox.ch.

Die Lehrpersonen sind sich einig, dass sie Rituale einsetzen, um den Kindern Sicherheit und Orientierung zu geben. Sie betonen, dass die Repetivität im Sinne der möglichst immer gleichen Abfolge wichtig ist, sei es im Bereich Soziabilität oder Orientierung. Aus den Ausführungen wird ersichtlich, dass mit Ritualen gleichzeitig verschiedene Intentionen verfolgt werden können. Da sich gemäß Dücker (2007) Rituale auch dadurch auszeichnen, dass sie Komplexität reduzieren und sozial legitimiert sind, tragen sie dazu bei, schwierige Situationen aufzufangen und diese anschließend in Ruhe bearbeiten zu können. Insgesamt tragen sie wesentlich zu einem wertschätzenden Sozial- und Lernklima bei.

Handelt es sich bei Prozeduren im Wesentlichen um organisatorische Abläufe, geben Rituale wiederkehrenden Ereignissen einen symbolischen Rahmen und zentrieren damit einerseits die Aufmerksamkeit auf den sozialen Umgang miteinander und andererseits auf die zeitliche Orientierung.

3.3.4 Raumgestaltung

Wie die Lehrperson den Kindergarten oder das Schulzimmer einrichtet, steht in engem Zusammenhang mit den von ihr hauptsächlich eingesetzten Unterrichts- und Sozialformen. Liegt der Schwerpunkt auf geführten Sequenzen, wird die Raumgestaltung anders aussehen als eine Raumgestaltung, die auf offene Sequenzen ausgerichtet ist. Wird die Selbstständigkeit der Kinder in den Vordergrund gerückt, dann muss der Raum so eingerichtet sein, dass häufig verwendetes Material, Ablagesysteme für erledigte Arbeiten und so weiter möglichst frei zugänglich sind. Es ist zu überlegen, wie viel Bewegung im Raum durch den Einsatz von verschiedenen Unterrichts- und Sozialformen entsteht respektive welche Teile des Raums zu welchem Zweck genutzt werden und wie die Kinder von ihrem Spiel- und Lernplatz zum Material gelangen. Nicht zuletzt spielt die Raumgestaltung eine wesentliche Rolle, wenn es um die Frage des Überblicks geht, und zwar aus der Perspektive sowohl der Lehrperson als auch der Kinder.

Um die Raumgestaltung in der Schuleingangsstufe näher zu beschreiben, verwenden wir die folgende Terminologie: Als *Funktionsbereiche* werden einerseits Flächen bezeichnet, die sozusagen als Raum im Raum gestaltet sind. Es können Lese-, Bau-, Bewegungs-, Wohnecken oder andere Nischen sein. Sie sind im Zimmer beispielsweise durch einen Teppich, umgebende Gestelle oder Paravents gekennzeichnet. Andererseits bezeichnen wir auch Tischgruppen respektive Ablageflächen als Funktionsbereiche.

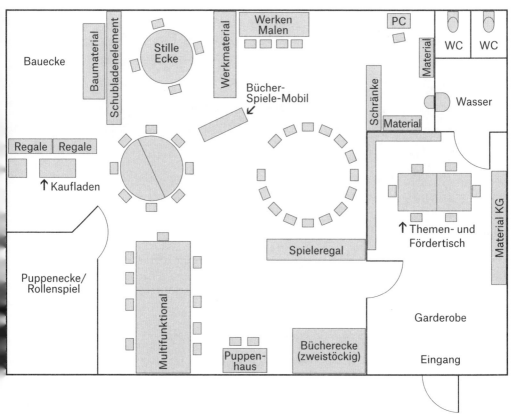

Abbildung 5: Raumgestaltung im Kindergarten

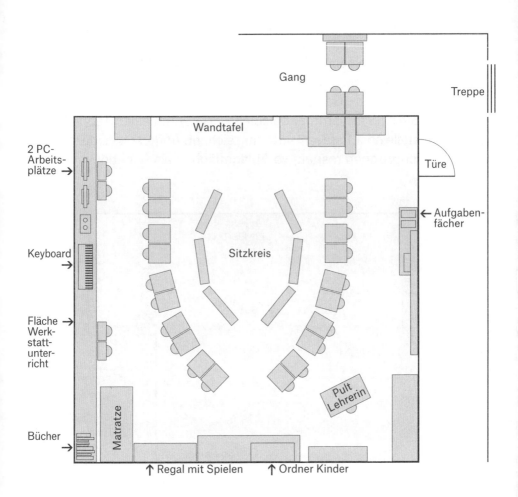

Abbildung 6: Raumgestaltung in der Unterstufe

In Abbildung 5 sind es Themen- und multifunktionale Tischgruppen, in Abbildung 6 Computerarbeitsplätze oder die Ablagefläche für den Werkstattunterricht. Beim *Sitzkreis* handelt es sich um eine Form, in der primär die Klasse für verschiedene Aktivitäten im Plenum gesammelt wird. Das

Pultarrangement umfasst zum einen die Pulte der Kinder und zum anderen den Arbeitstisch respektive das Pult der Lehrperson. Wird von *Verkehrswegen* gesprochen, dann sind damit die Zugänge zu Funktionsbereichen, Gestellen, Wandtafel und so weiter gemeint.

Aufteilung des Raumes meint die Herausforderung, die Funktionsbereiche, den Sitzkreis und das Pultarrangement so anzulegen, dass die Lehrperson den Überblick behält und die Kinder gleichzeitig genügend Platz haben, damit sie sich nicht gegenseitig stören. Im Kindergarten geht es dabei vor allem um die Frage, welche Spiel- und Lernangebote wo und in welcher Anzahl als Funktionsbereiche eingerichtet werden. Berücksichtigt werden muss, dass Funktionsbereiche wie eine Bau- oder Bewegungsecke mehr Lärm verursachen als zum Beispiel eine Tischgruppe mit verschiedenen Regelspielen oder Puzzles. Häufig wird diese Problematik so gelöst, dass die entsprechenden Funktionsbereiche in die Garderobe ausgelagert werden oder etwa ein Materialraum – falls vorhanden – genutzt wird. Offene Sequenzen, in denen die Kinder zu zweit oder in Gruppen lernen, führen in Unterstufenklassen dazu, dass das Klassenzimmer erweitert werden muss. Funktionsbereiche werden in den Gang oder angrenzende freie Schul- oder Gruppenräume ausgelagert. Nebst den Funktionsbereichen ist der Sitzkreis fester Bestandteil in der Schuleingangsstufe. Prototypisch ist in Abbildung 5 zu sehen, dass im Kindergarten der Raum stärker durch Mobiliar unterteilt werden kann, wogegen in einem Schulzimmer (vgl. Abbildung 6) die Pultordnung die weitere Aufteilung des Raumes bestimmt.

Ein weiterer Aspekt der Raumgestaltung ist die *Einrichtung*. Den Lehrpersonen ist es wichtig, dass Arbeiten der Kinder im Kindergarten oder Klassenzimmer ausgestellt sind. Zusätzlich werden Wände, Schranktüren und so weiter als Präsentationsflächen für verschiedene organisatorische Dinge wie beispielsweise Tages- und Wochenablauf, Spiel- und Lernpläne, Gruppeneinteilungen, Zuständigkeiten für Ämtchen (Chef-System) oder Regeln genutzt, die eine zusätzliche visuelle Orientierungshilfe bieten. Weitere Überlegungen fokussieren die Möblierung. Die Lehrpersonen entscheiden, welche Teile der Einrichtung fest installiert und welche flexibel angelegt sind und wie lange das so bleibt. Im Falle des Kindergartens sind es die Funktionsbereiche, über welche die Lehrperson betreffend Beständigkeit entscheidet. Im Klassenzimmer geht es eher um die Pultordnung. Die Raumgestaltung hängt nicht nur vom Profil der Lehrperson bezüglich ihrer Unterrichtsgestaltung ab, sondern auch zu einem wesentlichen Teil von den räumlichen Bedingungen. Dies führt zu sehr individuellen Lösungen, und daher ist es sinnvoller, Fragen zu formulieren, die für die Raumgestaltung wegleitend sein können.

- Aus welchen Teilen besteht meine Raumgestaltung (Funktionsbereiche, Sitzkreis, Pultordnung, Wandtafel usw.)?
- Welches Mobiliar, welche Einrichtungsgegenstände brauche ich unbedingt und permanent?
- Welche dieser Teile richte ich fest ein, welche flexibel, und wie lange bleibt meine Raumgestaltung in einer bestimmten Form bestehen?
- Welche Schränke, Gestelle, Ablageflächen sind für die Kinder frei zugänglich und welche nicht?
- Wie nutze ich Wände, Schranktüren und so weiter, um Arbeiten der Kinder auszustellen, Routinen zu unterstützen, Informationen, Orientierungshilfen inhaltlich, zeitlich und räumlich zu geben?
- Wie arrangiere ich Sitzkreis, Funktionsbereiche, Pulte und so weiter, damit ...
  ... sich die Kinder im Raum und allfälligen Zusatzräumen orientieren können;
  ... sich die Kinder bei parallel laufenden Aktivitäten auf ihre Spiel- und Lernaktivität konzentrieren können;
  ... die Kinder häufig benutztes Material erreichen und ihre Arbeiten ablegen können, ohne die anderen zu stören;
  ... ich die Unterrichtsform ohne großen Aufwand wechseln kann;
  ... ich das Unterrichtsgeschehen überblicken kann?

Die Fragen zeigen auf, dass die Schaffung einer Spiel- und Lernumgebung alles andere als trivial ist und den unterrichtlichen Alltag erleichtern oder erschweren kann. Räumliche Gegebenheiten in Kindergärten und Schulen stellen oftmals durch knappe Raumverhältnisse zusätzliche Erschwernisse dar. Eine optimierte Nutzung des vorhandenen Platzes ist deswegen ein Grundpfeiler des Classroom Management.

3.4 Funktionen des Classroom Management

Die Auswertung der fokussierten Interviews und der Videoaufnahmen in Bezug auf die Frage, mit welcher Zielsetzung die Elemente eingesetzt werden, führt uns zu den Funktionen des Classroom Management. Obwohl der Einsatz der Elemente durch die Lehrpersonen recht unterschiedlich ist, sie beispielsweise Ritual oder Strategien zur Regeleinhaltung verschieden handhaben, konnten wir fünf Funktionen herausarbeiten:
— *Rhythmisierung* wird im Hinblick auf drei zeitliche Größen –
die Woche, den Halbtag und Unterrichtssequenzen – betrachtet.
An den Wochentagen finden unterschiedliche Angebote für die ganze Klasse in Spezialräumen wie z. B. Turnhalle, Lehrschwimmbecken, Rhythmikzimmer oder auch im Wald statt. Aktivitäten wie Zeigerunden oder Wochenrückblick markieren Wochenbeginn und -ende. Diese Angebote müssen einerseits mit abteilungsweisem Unterricht und andererseits mit der individuellen Förderung von einzelnen Kindern durch Heilpädagogik-Lehrpersonen im Wochen- und Tagesverlauf koordiniert werden. Der Verlauf des einzelnen Halbtags wird in Abstimmung mit dem jeweiligen Wochentag gezielt durch Rituale, geführte und offene Sequenzen, Pausen und Übergänge gestaltet. Dabei finden sich nach dem Morgenritual zahlreiche Varianten bezüglich Anordnung und Dauer von Unterrichtssequenzen. Es sind vor allem die geführten Sequenzen, die besonderer Berücksichtigung bedürfen. Innerhalb dieser rhythmisiert die Lehrperson

über den Wechsel von Unterrichts- und Sozialformen. Sie erzählt beispielsweise abschnittweise eine Geschichte und lässt die Kinder das Gehörte nacherzählen oder führt vor einer Gruppenarbeit die ganze Klasse in das Sachthema ein. Methodische Wechsel können auch mit Bewegungsaufgaben verbunden werden. Mit der Rhythmisierung des Halbtags und der Unterrichtssequenzen wird das Ziel verfolgt, die Aufmerksamkeit und Konzentration der Kinder aufrechtzuerhalten.

— *Strukturierung* ist in verschiedenen Zusammenhängen von großer Wichtigkeit. Zum einen geht es darum, Kindern Hilfsmittel zur Erfahrbarkeit zeitlicher Strukturen zur Verfügung zu stellen. Dazu gehören neben den Ritualen wiederkehrende Wochen- und Tagesverläufe, die mittels Plänen visualisiert werden. Sie können von den Kindern eingesehen werden und ermöglichen ihnen die selbstständige Orientierung im Verlauf der Woche und des Tages. Zum anderen ermöglicht die Raumgestaltung durch ein klar ersichtliches Arrangement von Funktionsbereichen, Sitzkreis, Pultordnung und der Verwendung von Schränken, Gestellen und Ablageflächen und weiterer Materialien einen räumlichen Überblick. Die zeitliche und räumliche Strukturierung – erreicht durch Rituale, Routinen und Raumgestaltung – hilft den Kindern bei der Orientierung und gibt ihnen Sicherheit.

— *Interaktion* wird durch Regeln und Rituale maßgeblich positiv beeinflusst. Treten wir einen Schritt zurück und vergegenwärtigen wir uns die verschiedenen familiären Kontexte, aus denen die Kinder kommen, dann können Wert- und Normorientierungen zwischen der Familie und der Schuleingangsstufe als neuem sozialem Kontext wesentlich differieren. Hinzu kommt, dass es nicht allen Kindern gleich leichtfällt, Kontakt zu anderen aufzunehmen. Zudem erfreuen sich nicht alle Kinder der gleichen Beliebtheit, wenn es darum geht, Spiel- und Lernpartnerinnen und -partner zu finden. So erhalten Regeln zur Förderung der Integrität und der Kommunikation, deren

Einhaltung sowie Rituale zur Unterstützung der Soziabilität eine wesentliche Bedeutung. Sie sind Voraussetzung für ein Spiel- und Lernklima, das von Anerkennung und Wertschätzung für das einzelne Kind und die Klasse als Gemeinschaft geprägt ist (Wannack 2010).

— *Organisation* wäre im Rahmen der Unterrichtsgestaltung ohne Prozeduren kaum denkbar. Unter Einbezug der Regeln tragen sie Wesentliches dazu bei, dass ein spiel- und lernzentriertes Unterrichtsklima zustande kommt, dass die Kinder die Spiel- und Lernangebote selbstständig und individuell nutzen können und dass ihnen – nebst Übergängen zwischen und innerhalb von Unterrichtssequenzen – ausreichend Zeit dafür zur Verfügung steht. Im Zentrum dieser Funktion steht deshalb die Vertiefung der Kinder in ihr Spielen und Lernen sowie ein möglichst reibungslos ablaufender Unterricht.

— *Überblick* verschafft sich die Lehrperson mittels Raumgestaltung und des Einsatzes von Prozeduren. Gerade in offenen Sequenzen, die zur Binnendifferenzierung und Individualisierung genutzt werden, ist es für die Lehrpersonen eine Herausforderung, den Überblick darüber zu behalten, an welchen Spiel- und Lernaufgaben die Kinder dran sind und welche Aufgaben bereits erledigt wurden. Dazu haben die Lehrpersonen verschiedene Formen von Spiel- und Lernplänen entwickelt, die von den Kindern selber geführt werden. Sie erlauben es der Lehrperson, den individuellen Stand eines Kindes und den Stand in der Klasse zu überblicken. Diese Pläne sind dann auch die Grundlage, um Kinder bestimmten Spiel- und Lernangeboten zuzuordnen oder sie bei der Planung der nächsten Aufgaben zu beraten.

Überblick ist für eine ganze Reihe von Entscheidungen wesentlich – so etwa, ob im Sinne der Rhythmisierung ein Wechsel von Unterrichtssequenzen angezeigt ist, ob die Kinder in der jeweiligen Sequenz bei der Sache sind, ob auf einen Regelverstoß reagiert werden soll oder ob das Einschreiten bei einem Konflikt notwendig oder sinnvoll ist. Überblick ist auch bei simultan auftretenden

Ereignissen von Bedeutung, so etwa, wenn die Lehrperson Kinder bei Spiel- und Lernaufgaben unterstützt und gleichzeitig das Geschehen in der Klasse im Auge behalten will.

Die Elemente Regeln, Prozeduren, Rituale und Raumgestaltung werden von den Lehrpersonen in Abhängigkeit von klassenbezogenen (Größe und Zusammensetzung der Klasse), strukturellen (Blockzeiten, Nutzung von Spezialräumen wie Turnhalle, heilpädagogische Förderung und so weiter) und räumlichen (Größe des Kindergartens, des Schulzimmers, Nutzung zusätzlicher Räume) Rahmenbedingungen sowie um ihren pädagogischen Überzeugungen und ihrem Unterrichtsstil in unterschiedlichem Maß eingesetzt. Während die eine Lehrperson besonderen Wert auf die Rhythmisierung des Unterrichts legt, ist für eine andere die Interaktion und damit ein empathischer Umgang mit den Kindern und zwischen den Kindern wichtig. Auch wenn die Lehrpersonen solche Schwerpunkte setzen, lassen sie die anderen Elemente und Funktionen nicht außer Acht, was sowohl die Interviewaussagen als auch die Unterrichtsbeobachtungen dokumentieren. So wird deutlich, dass unter Berücksichtigung situativer Rahmenbedingungen die Art und Weise, wie die Lehrperson ihren Unterricht methodisch gestaltet, seine Entsprechung im Classroom Management finden muss.

4 Fazit

Die qualitativen Zugänge mittels videobasierter Unterrichtsbeobachtung und fokussierten Interviews ermöglichten uns, Einblick in das pädagogische Denken und das pädagogische Handeln von Kindergarten- und Primarunterstufenlehrerinnen zu erhalten. Die Auswertung der gesammelten Daten erlaubt uns, ein vorläufiges Modell des Classroom Management – einer grundlegenden Dimension der Unterrichtsgestaltung – zu beschreiben. Dabei war es uns einerseits wichtig, ein Modell zu entwerfen, das mit den Elementen und den Funktionen zentrale Aspekte des Classroom Management benennt. Zugleich war es uns ein Anliegen, das Modell so offen und flexibel wie möglich zu halten, damit eine je angepasste Schwerpunktsetzung der Elemente in Bezug auf Klassenmerkmale, Unterrichtsstil der Lehrperson, räumliche und zeitliche Bedingungen möglich ist. Wie unterschiedlich unsere je sechs Kindergarten- und Primarunterstufenklassen zusammengesetzt sind, zeigen Kriterien wie das Altersspektrum, Unterschiede im Entwicklungsstand sowie die Anzahl Kinder mit Förderbedarf eindrücklich auf. Aber auch die individuelle Unterrichtsgestaltung der Lehrpersonen fällt auf, und so können wir verschiedene Unterrichts- und Classroom-Management-Stile beschreiben. Zu untersuchen bleibt, ob und inwiefern diese mit der Prozessqualität und entsprechenden Effekten auf fachlicher, motivationaler und emotionaler Ebene aufseiten der Kinder zusammenhängen, wie Befunde der Unterrichtsforschung für nachfolgende Schulstufen zeigen (Helmke, Weinert 1997; Mayr 2008; Neuenschwander 2006; Schönbächler 2008).

Lenken wir die Aufmerksamkeit auf das professionelle Wissen von Lehrpersonen, so weist dies verschiedene Formen auf (vgl. dazu Leuchter 2009; Neuweg 2011; Shulman 1987). Sie bilden – als Wissensamalgam und erweitert um Handlungswissen – «the Wisdom of Practice» der Lehrpersonen. Für die systematische Erhebung und Darstellung der Weisheit der Praxis sowie der Verknüpfung mit bereits vorhandenen Konzepten und

Modellen ist es vorteilhaft, unterschiedliche Dimensionen der Unterrichtsgestaltung zu definieren. So kann nicht nur die Bedeutung der einzelnen Dimensionen – Unterrichtssequenzen, Spiel- und Lernbegleitung, Classroom Management – herausgearbeitet, sondern auch auf deren notwendiges Zusammenspiel verwiesen werden.

Zugleich knüpfen das pädagogisch-didaktische Konzept und das Classroom-Management-Modell an Erkenntnissen und empirischen Befunden im Allgemeinen an, womit dem Aspekt der Anschlussfähigkeit an weitere Bildungsstufen Genüge getan wird, ohne die Reflexion stufenspezifischer Merkmale zu vernachlässigen. Die Verwendung der erarbeiteten Grundlagen in der Lehrergrund- und -weiterbildung sowie in weiteren Forschungsprojekten wird uns hilfreiche Rückmeldungen zur Tauglichkeit respektive zur Weiterentwicklung liefern. Wir hoffen, damit auch künftig zur Schließung einer viel beklagten Lücke beizutragen.

5 Literatur

— Andrist, Ruth & Chanson, Anne (2003). Neue Begriffe für den Kindergarten und die Unterstufe. 4 bis 8. *Fachzeitschrift für Kindergarten und Unterstufe,* (2), S. 22–23.

— Berner, Hans; Fraefel, Urban & Zumsteg, Barbara (Hrsg.) (2011). *Didaktisch handeln und denken 1. Fokus angeleitetes Lernen.* Zürich: Verlag Pestalozzianum.

— Berner, Hans & Zumsteg, Barbara (Hrsg.) (2011). *Didaktisch handeln und denken 2. Fokus eigenständiges Lernen.* Zürich: Verlag Pestalozzianum.

— Brophy, Jere E. (1999). *Teaching.* [pdf]. UNESCO, International Academy of Education. Online: www.ibe.unesco.org/publications/EducationalPractices-SeriesPdf/prac01e.pdf [14.6.2010].

— Brophy, Jere E. (2006). History of Research on Classroom Management. In: Evertson, Carolyn M. & Weinstein, Carol S. (Eds.), *Handbook of Classroom Management* (p. 17–43). Mahwah, NJ: Lawrence Erlbaum.

— Carter, Kathy & Doyle, Walter (2006). Classroom Management in Early Childhood and Elementary Classrooms. In: Evertson, Carolyn M. & Weinstein, Carol S. (Eds.), *Handbook of Classroom Management* (p. 373–406). Mahwah, NJ: Lawrence Erlbaum.

— Collins, Allan; Brown, John Seely & Newman, Susan E. (1989). Cognitive Apprenticeship: Teaching the Crafts of Reading, Writing and Mathematics. In: Resnick, Lauren B. (Ed.), *Knowing, Learning and Instruction* (p. 453–494). Hillsdale, New Jersey: Lawrence Erlbaum.

— Deutschschweizer Erziehungsdirektoren-Konferenz (D-EDK) (Hrsg.) (2013). *Lehrplan 21. Konsultationsfassung.* Luzern: D-EDK.

— Dinkelaker, Jörg & Herrle, Matthias (2009). *Erziehungswissenschaftliche Videographie.* Wiesbaden: VS Verlag für Sozialwissenschaften.

— Doyle, Walter (1986). Classroom Organization and Management. In: Wittrock, Merlin C. (Ed.), *Handbook of Research on Teaching* (3d ed., p. 392–431). New York: Macmillan.

— Dücker, Burckhard (2007). Rituale. *Formen – Funktionen – Geschichten.* Stuttgart: Metzler.

— Erziehungsdirektion des Kantons Bern (1995). *Lehrplan Volksschule.* Bern: Staatlicher Lehrmittelverlag des Kantons Bern.

— Erziehungsdirektion des Kantons Bern (1999). *Lehrplan Kindergarten für den deutschsprachigen Teil des Kantons Bern.* Bern: Erziehungsdirektion des Kantons Bern.

— Esser, Hartmut (1996). *Soziologie. Allgemeine Grundlagen* (2., durchges. Aufl.). Frankfurt a. M.: Campus Verlag.

— Evertson, Carolyn M.; Emmer, Edmund T. & Worsham, Murray E. (2003). *Classroom Management for Elementary Teachers* (6th ed.). Boston: Allyn and Bacon.

— Evertson, Carolyn M. & Neal, Kristen W. (2006). *Looking into Learning-Centered Classroom. Implication for Classroom Management.* [pdf]. National Education Association, NEA. Online: www.nea.org/tools/30380.htm [22.12.2006].

— Flick, Uwe (2004). *Triangulation.* Wiesbaden: VS Verlag für Sozialwissenschaften.

— Gudjons, Herbert; Teske, Rita & Winkel, Rainer (1993). *Didaktische Theorien* (7. Aufl.). Hamburg: Bergmann + Helbig.

— Heid, Helmut (1996). Was ist offen im offenen Unterricht? *Zeitschrift für Pädagogik* 34. Beiheft, S. 159–172.

— Heller, Werner; Ambühl, Erich; Huldi, Max; Oggenfuss, August; Rageth, Esther; Strittmatter, Anton; Thurler, Monica & Trier, Uri Peter (Hrsg.) (1986). *Primarschule Schweiz – 22 Thesen zur Entwicklung der Primarschule.* Bern: Schweizerische Konferenz der kantonalen Erziehungsdirektoren.

— Helmke, Andreas (2007). *Unterrichtsqualität. Erfassen – Bewerten – Verbessern* (6. Aufl.). Seelze: Kallmeyersche Verlagsbuchhandlung.

— Helmke, Andreas (2009). *Unterrichtsqualität und Lehrerprofessionalität. Diagnose, Evaluation und Verbesserung des Unterrichts.* Seelze-Velber: Klett, Kallmeyer.

— Helmke, Andreas & Weinert, Franz E. (1997). Unterrichtsqualität und Leistungsentwicklung: Ergebnisse aus dem Scholastik-Projekt. In: Weinert, Franz E. & Helmke, Andreas (Hrsg.), *Entwicklung im Grundschulalter* (S. 241–251). Weinheim: Psychologie Verlags Union.

— Hugener, Isabelle; Pauli, Christine & Reusser, Kurt (2006). Unterrichtsqualität, Lernverhalten und mathematisches Verständnis. Teil 3: *Videoanalysen.* Frankfurt a. M.: Gesellschaft zur Förderung Pädagogischer Forschung (GFPF).

— Jank, Werner & Meyer, Hilbert (1991). *Didaktische Modelle.* Frankfurt a. M.: Cornelsen Scriptor.

— Kanton Bern (1992). *Volksschulgesetz* (VSG). [Internet-Site]. Online: www.be.ch/cgi-bin/frameset.exe?http://www.sta.be.ch/belex/d/4/430_210_1_. html [18.09.2013].

— Kanton Bern (2013). *Volksschulverordnung* (VSV). [Internet-Site]. Online: www.be.ch/cgi-bin/frameset.exe?http://www.sta.be.ch/belex/d/4/432_211_1. html [18.09.2013].

— Klieme, Eckhard & Rakoczy, Katrin (2008). Empirische Unterrichtsforschung und Fachdidaktik. *Zeitschrift für Pädagogik* 54 (2), S. 222–237.

— Kounin, Jacob S. (1970). *Discipline and group management in classrooms.* New York: Holt, Rinehart & Winston.

— Kounin, Jacob S. (2006). *Techniken der Klassenführung* (Reprint). Bern: Huber.

— Lamnek, Siegfried (2005). *Qualitative Sozialforschung* (4. vollst. überarb. Aufl.). Weinheim: Beltz.

— Leuchter, Miriam (2009). *Die Rolle der Lehrperson bei der Aufgabenbearbeitung. Unterrichtsbezogene Kognitionen von Lehrpersonen.* Münster: Waxmann.

- Lipowsky, Frank (2002). Zur Qualität offener Lernsituationen im Spiegel empirischer Forschung – Auf die Mikroebene kommt es an. In: Drews, Ursula & Wallrabenstein, Wulf (Hrsg.), *Freiarbeit in der Grundschule* (S. 126–159). Frankfurt a. M.: Arbeitskreis Grundschule.
- Mayr, Johannes (2008). Forschungen zum Führungshandeln von Lehrkräften: Wie qualitative und quantitative Zugänge einander ergänzen können. In: Hofmann, Franz; Schreiner, Claudia & Thonhauser, Joseph (Hrsg.), *Qualitative und quantitative Aspekte. Zu ihrer Komplementarität in der erziehungswissenschaftlichen Forschung* (S. 321–341). Münster: Waxmann.
- Mayring, Philipp (2008). *Qualitative Inhaltsanalyse. Grundlagen und Techniken* (10. Aufl.). Weinheim: Beltz.
- Moser, Urs & Bayer, Nicole (2010). *Schlussbericht der summativen Evaluation. Lernfortschritte vom Eintritt in die Eingangsstufe bis zum Ende der 3. Klasse der Primarschule.* Bern: Schulverlag plus.
- Neuenschwander, Markus P. (2006). Überprüfung einer Typologie der Klassenführung. *Schweizerische Zeitschrift für Bildungswissenschaften*, 28 (2), S. 243–258.
- Neuweg, Georg Hans (2011). Das Wissen der Wissensvermittler. Problemstellungen Befunde und Perspektiven der Forschung zum Lehrerwissen. In: Terhart, Ewald; Bennewitz, Hedda & Rothland, Martin (Hrsg.), *Handbuch der Forschung zum Lehrerberuf* (S. 451–477). Münster: Waxmann.
- Ophardt, Diemut & Thiel, Felicitas (2008). Klassenmanagement als Basisdimension der Unterrichtsqualität. In: Schweer, Martin K. W. Hrsg., *Lehrer-Schüler-Interaktion* (2. vollst. überarb. Aufl., S. 164–179). Wiesbaden: VS Verlag für Sozialwissenschaften.
- Prengel, Annedore; Riegler, Susanne & Wannack, Evelyne (2009). «Formative Assessment» als Re-Impuls für pädagogisch-didaktisches Handeln. In: Röhner, Charlotte; Henrichwark, Claudia & Hopf, Michaela (Hrsg.), *Europäisierung der Bildung. Konsequenzen und Herausforderungen für die Grundschulpädagogik* (S. 253–257). Wiesbaden: VS Verlag für Sozialwissenschaften.
- Schönbächler, Marie-Theres (2006). Inhalte von Regeln und Klassenmanagement. *Schweizerische Zeitschrift für Bildungswissenschaften*, 28 (2), S. 259–271.
- Schönbächler, Marie-Theres (2008). *Klassenmanagement. Situative Gegebenheiten und personale Faktoren in Lehrpersonen- und Schülerperspektive.* Bern: Haupt.
- Schweizerische Konferenz der kantonalen Erziehungsdirektoren (Hrsg.). (1997). *Bildung und Erziehung der vier- bis achtjährigen Kinder in der Schweiz* (Dossier 48a). Bern: Schweizerische Konferenz der kantonalen Erziehungsdirektoren.
- Shulman, Lee S. (1987). Knowledge and Teaching: Foundations of the New Reform. *Harvard Educational Review*, 57, p. 1–21.
- Sörensen Criblez, Barbara & Wannack, Evelyne (2006). Lehrpersonen für 4- bis 8-jährige Kinder – zwischen Tradition und Innovation. *Beiträge zur Lehrerbildung*, 24 (2), S. 177–182.

— Stockall, Nancy (2001). Video Elicitation of the Semiotic Self. *International Journal of Applied Semiotics*, 2 (1/2), p. 29–38.
— Vogt, Franziska; Zumwald, Bea; Urech, Christa & Abt, Nadja (2010). *Schlussbericht der formativen Evaluation. Grund-/Basisstufe: Umsetzung, Unterrichtsentwicklung und Akzeptanz bei Eltern und Lehrpersonen.* Bern: Schulverlag plus.
— Wang, Margaret C.; Haertel, Geneva D. & Walberg, Herbert J. (1993). Toward a Knowledge Base for School Learning. *Review of Educational Research*, 63 (3), p. 249–294.
— Wannack, Evelyne (1997). *Das Fach Didaktik in der Kindergärtnerinnen-Ausbildung. Eine Befragung von Didaktiklehrerinnen im Kanton Bern* (Forschungsbericht Nr. 17). Bern: Abteilung Pädagogische Psychologie, Universität Bern.
— Wannack, Evelyne (2001). *Erhebung von Merkmalen der Berufsfelder Kindergarten und untere Klassen der Primarstufe im deutschsprachigen Teil des Kantons Bern* (Projektbericht GKL). Bern: Institut für Pädagogik und Schulpädagogik, Forschungsstelle für Schulpädagogik und Fachdidaktik.
— Wannack, Evelyne (2003). Kindergarten und Schule – Lehrpläne im Vergleich. *Schweizerische Zeitschrift für Bildungswissenschaften*, 25 (2), S. 271–286.
— Wannack, Evelyne (2004). *Kindergarten und Grundschule zwischen Annäherung und Abgrenzung.* Münster: Waxmann.
— Wannack, Evelyne (2010). Bildung von 4- bis 8-jährigen Kindern: Grundlagen und Konzepte im Wandel. In: Leuchter, Miriam (Hrsg.), *Didaktik für die ersten Bildungsjahre. Unterricht mit 4- bis 8-jährigen Kindern* (S. 18–35). Stuttgart und Zug: Klett und Kallmeyer, Klett und Balmer.
— Wannack, Evelyne; Arnaldi, Ursula & Schütz, Annalise (2009). Überlegungen zur Didaktik des Kindergartens. *4 bis 8. Fachzeitschrift für Kindergarten und Unterstufe*, 99 (9), S. 24–26.
— Wannack, Evelyne; Arnaldi, Ursula & Schütz, Annalise (2011). Die Bedeutung des freien Spiels in der Kindergartendidaktik. *4 bis 8. Fachzeitschrift für Kindergarten und Unterstufe, Spezialausgabe*, S. 1–14. Online: www.evelyne-wannack.ch/publikationen/.
— Wannack, Evelyne; Herger, Kirsten & Barblan, Annigna (2011). *Classroom Management in der Schuleingangsstufe. Dokumentation der qualitativen Erhebungen.* [pdf]. PHBern, Zentrum für Forschung und Entwicklung. Online: www.evelyne-wannack.ch/publikationen/
— Wannack, Evelyne; Herger, Kirsten; Gruber, Michaela & Barblan, Annigna (2009). *Classroom Management in der Schuleingangsstufe. Dokumentation der Fragebogenstudie.* [pdf]. PHBern, Zentrum für Forschung und Entwicklung. Online: www.evelyne-wannack.ch/publikationen/
— Wannack, Evelyne; Schütz, Annalise & Arnaldi, Ursula (2009). Die Spiel- und Lernbegleitung im Kindergarten. *4 bis 8. Fachzeitschrift für Kindergarten und Unterstufe*, 99 (12), S. 23–25.

— Wannack, Evelyne; Schütz, Annalise & Arnaldi, Ursula (2010). Reflexionen zur Didaktik des Kindergartens. *4 bis 8. Fachzeitschrift für Kindergarten und Unterstufe*, 100 (3), S. 26–27.
— Weinert, Franz E. & Helmke, Andreas (Hrsg.) (1997). *Entwicklung im Grundschulalter*. Weinheim: Psychologie Verlags Union.
— Weinstein, Carol Simon & Mignano, Andrew, J. (Eds.) (2007). *Elementary Classroom Management. Lessons from Research and Practice* (4th ed.). Boston: Mc Graw-Hill.
— Woolfolk, Anita (2008). *Pädagogische Psychologie* (10. Aufl.). München: Pearson Education.

6 Tabellen- und Abbildungsverzeichnis

Tabelle 1:   Das Konzept Classroom Management im Wandel   27
Abbildung 1:   Untersuchungsanlage   9
Abbildung 2:   Überblick zum pädagogisch-didaktischen Konzept   14
Abbildung 3:   Merkmale und Perspektiven geführter und offener Sequenzen   17
Abbildung 4:   Elemente und Funktionen des Classroom Management   29
Abbildung 5:   Raumgestaltung im Kindergarten   45
Abbildung 6:   Raumgestaltung in der Unterstufe   47

Zu den Autorinnen

Evelyne Wannack, Prof. Dr. phil., Studium der Pädagogischen Psychologie, Allgemeinen Pädagogik und Sportwissenschaft an der Universität Bern, seit 2007 Forschungsbeauftragte an der Pädagogischen Hochschule Bern.

Kirsten Herger, Dr. phil., Studium der Pädagogischen Psychologie, Soziologie und Theaterwissenschaft an der Universität Bern, seit 2009 Dozentin am Institut Vorschulstufe und Primarstufe der Pädagogischen Hochschule Bern.